档案管理理论与研究

陶 闻　李若萌　陈志慧　著

吉林摄影出版社
·长春·

图书在版编目（CIP）数据

档案管理理论与研究 / 陶闻，李若萌，陈志慧著
. -- 长春 ：吉林摄影出版社，2024.3
ISBN 978-7-5498-6177-4

Ⅰ. ①档… Ⅱ. ①陶… ②李… ③陈… Ⅲ. ①档案管理一研究 Ⅳ. ①G271

中国国家版本馆 CIP 数据核字（2024）第 081173 号

档案管理理论与研究
DANGAN GUANLI LILUN YU YANJIU

著　　者：陶　闻　李若萌　陈志慧
出 版 人：车　强
责任编辑：罗　晗
封面设计：豫燕川
开　　本：787mm×1092mm　1/16
字　　数：131 千字
印　　张：9.75
版　　次：2024 年 3 月第 1 版
印　　次：2024 年 3 月第 1 次印刷

出　　版：吉林摄影出版社
发　　行：吉林摄影出版社
地　　址：长春市净月高新技术产业开发区福祉大路 5788 号
邮编：130118
电　　话：总编办：0431—81629821
发行科：0431—81629829
印　　刷：北京银祥印刷有限公司

ISBN 978-7-5498-6177-4　　　　**定　　价：**48.00 元

前　言

档案是历史的真实记录，通过档案人们可以了解过去、把握现在、计划未来。在我国的社会发展实践中，档案为人们的生活与工作提供了重要的信息资源，也为维护广大人民的合法权益提供了有效地支持。因此，我们应重视发展档案事业，做好档案管理工作。

档案管理是用科学的理论和方法管理档案，提供档案为各级党政机关、社会组织和个人服务。档案管理工作的基本任务是收集、整理加工、妥善保管和开发利用各种门类和载体的档案。因此，档案不仅应为档案形成者的各项管理工作服务，而且应承担起记录历史、传承文化的社会重任。

人类社会信息化的进程以及我国不断推进的经济体制改革深刻地影响着档案事业和档案学的发展，档案工作实践中层出不穷的新事物、新问题强烈地呼唤着相关理论的关注与回应，造就了我国档案学术研究前所未有的繁荣局面。随着档案学研究领域的开阔与多学科化、研究内容的丰富与深化、研究方法的娴熟与多样化，我国档案学术研究的气氛日益活跃，一代代档案学习者正在成长。

本书讨论了档案管理理论与研究方向，从档案的基础理论出发，详细地阐述了档案的收集、整理、保管、检索、利用与编研，从档案管理的现状进行了客观深入地阐述，分析档案的信息化与自动化管理、档案的数字化，并论述了档案管理在大数据环境下的发展机遇和前景，为今后更好地进行档案管理工作打了良好的基础。

笔者虽倾尽心力撰写本书，力图追求务实、全面，然而时代的车轮滚滚向前，档案管理研究事业的面貌日新月异，场景千变万化。在实际工作中，相关理论和模式还需要不断地摸索、不断地完善，笔者也将会实时关注档案管理行业最新动态，对本书进行修订和完善。

目　录

第一章　档案及其管理工作概述

档案管理学是研究档案管理工作的基本原理、原则、技术和方法的学科，是一门理论性与实践性相结合的应用学科。

第一节　档案的起源与发展

一、档案的起源

关于档案的起源，主要有以下三种观点。

第一种观点认为，原始社会中的结绳、刻契等记录生产生活的符号可视为档案的起源，在此之前，人们只能通过人脑记忆储存信息，难免遗忘和失真，而结绳等原始记事方式则可以保存、传递。第二种观点认为，文字的出现标志着档案的产生，在原始社会末期产生了原始的文字，用以记录生产生活活动，这些文字记录保存下来，成为档案。第三种观点认为，以文字形式保存下来的具有记录意义的文书才称得上是档案。

由此可见，档案不是历来就有的社会产物，而是随着人类社会生产的发展、记录符号的发明和使用逐步形成的。

二、档案载体的发展演变

中华民族悠久的历史和人民勤劳的智慧创造了光辉灿烂的人类文明。中华民族在创造文明的进程中形成的年代久远、数量浩瀚、内容丰富、价值珍贵的档案资源实为世所罕见。档案载体多姿多彩，从甲骨、石刻、简牍、缣帛到音像档案，再到电子档案，经历了长期的发展演变。随着社会的不断进步，档案载体也变得更为丰富。

（一）甲骨档案

甲骨档案主要是指将人类的社会活动契刻在龟甲、兽骨上而形成的数量庞大、内容丰富的记载了商周时期的军事、经济、社会生活等方面内容的档案。商代的甲骨档案距今年代久远、数量众多，因此，是我国最珍贵的古代文字档案，也是研究商代历史的珍贵史料。

（二）石刻档案

石刻档案是因金属工具的使用及其他社会条件而产生的。秦汉以后，随着铁器时代以及秦汉统一帝国的发展，石刻档案进入盛行阶段，其数量增多，内容也逐渐丰富，既有帝王出巡、狩猎、宣扬功德等社会重要事件的记述，也有政令、规定法纪的文告等。采用石刻形式发布文告，传知的范围既广大，又有利于长久流传，故直到明清、民国时期仍可见石刻档案的流存和使用。

（三）简牍档案

金石档案虽坚固耐久，但载体笨重，制造费工，且不便传递，所以，商周至东晋时期，特别是从周代到汉代的千余年间，人们多用竹片和木片撰写文书与保存档案。竹片称“简”、木片称“牍”，把若干竹片或木片编在一起叫“策”（册，古时策与册二字相通），通常称作“简策”“简牍”“简书”。

（四）缣帛档案

随着生产力的发展，秦汉之后仍然大量使用简牍的同时，一些重要文件用丝织品缣帛书写的逐渐多了起来。缣帛作为文书和档案的载体材料，比起竹木简牍显然更为轻便。使用简牍上一秦章，竟能多达三千片重。而帛为丝织品的总称，缣是双丝的细绢，以比较精制的丝绸为书文和存档的材料，既轻便柔软，剪裁又灵活，传递和保管起来十分方便。

（五）纸质档案

缣帛档案固然有其当时历史条件下的优点，但缣帛价值昂贵，无法推广使用。随着社会经济、政治、文明的不断发展，勤劳智慧的中华民族在汉代发明了造纸术，使文字、档案和其他文献载体、记录方式发生了空前的大变革，对人类文明做出了巨大贡献。我国虽然在东汉时期就发明了纸张，但纸完全代替竹木、缣帛成为官府公文用纸则是在魏晋南北朝时期。到了唐宋时期，用纸更为普遍，加之印刷术的出现，纸张被广泛应用于写文书。我国现存最古老的纸质档案，是西晋文学家陆机所书的《平复帖》，这也是世界上现存历史最久的纸质档案。

（六）音像档案

音像档案是随着现代科学技术的进步产生的，也被称为声像档案或视听档案，可分为视觉、听觉、视听综合等不同形式，包括照片、唱片、影片、录音带、录像带等。与纸质档案相比，音像档案具有更强的直观性。如照片档案记录了可视形象，录音带可以再现语言和音乐，影片、录像带能录制人物、事件、环境和气氛等。它们成为当时社会活动真实、可靠的可视、可听记录。但除照片档案外，大多音像档案不能直接阅读，需要借助相应设备才能读取。

社会实践活动的丰富和科技手段的提高，使音像档案的数量越来越多，作用也越来越大。音像档案的载体有磁性材料、感光材料或其他合成材料，成分复杂、质地脆弱。因为音像档案载体比纸张更易受光、热、温度、污染物等环境的影响而导致音像信息的失真、减弱甚至消失，所以对音像档案的保管条件、管理方法和管理要求都与纸质档案有所不同，需要专门的技术、设备、装具或专用库房。

（七）电子文件（电子档案）

电子文件是伴随计算机技术的发展而产生的一种新型档案。电子文件是以代码形式记录于磁带、磁盘、光盘等载体，依赖计算机系统存取并可在通信网络上传输的文件。在电子环境中，文件和档案的界限不像纸质文件与档案那么清楚，而且电子文件的法律效力尚未得到全面的认可，电子文件尚未取得与“档案”一样的法律地位。但是档案馆又不能等这些问题都解决了再来接收电子文件，因此，姑且把作为“档案”接收和保管的电子文件称为“具有档案性质的电子文件”。电子文件具有与传统纸质文件完全不同的特征。其特征主要包括：信息存储的高密度性；信息的非人工识读性；系统的依赖性；信息与特定载体之间的可分离性；多种信息媒体的集成性和信息的可操作性。这些特征决定了对电子文件必须采用与以往不同的管理方法。随着计算机网络系统的发展，电子文件在人类社会的应用领域、应用范围将日益广泛，数量将日益增加，它给档案管理工作、档案学研究提出了新的全方位的挑战。

第二节　档案的基础分类

一、档案分类的含义

档案分类是指依据一定的标准，按照档案的来源、内容、时间和形式特征等，对档案进行有层次的区分，并组成一定的体系。广义的档案分类有三个层次：一是档案概念分类；二是档案实体的馆（室）藏分类；三是档案内容信息分类。

二、档案概念分类

档案概念分类通常称为档案种类划分。根据档案的不同属性和科学管理的需要，可采用不同的标准、从不同的角度对档案进行划分。

（一）按来源划分

按照档案的来源，可将档案分为国家机关档案、团体档案、企业档案、事业单位档案、个人档案等。

（二）按内容划分

按照档案的产生领域及其内容，可将档案分为文书档案、科学技术档案、专业档案。文书档案指反映政务、机关事务管理等活动的档案。科学技术档案指反映科学研究、生产运营、项目建设、设备仪器及其管理等活动的档案。专业档案指反映专门活动领域的档案，如会计档案、人事档案、户籍档案等。

（三）按载体形式划分

按照档案的载体形式，可将档案分为原始型档案、传统型档案和新型档案三类。原始型档案主要指以甲骨、金石、简牍、缣帛、泥板、羊皮、纸草、棕榈叶等材质为载体的档案。传统型档案是指以纸张为载体材料而制成的档案，即纸质档案。新型档案是指以感光材料和磁性材料等现代技术产生的新型材质为载体的档案。

（四）按时间划分

按照档案形成的时间，可将档案分为古代档案、历代档案和现代档案。

（五）按所有权划分

按照档案的所有权，可将档案分为公有档案和私有档案。

三、档案实体的馆（室）藏分类

档案信息实体的馆（室）藏分类，也简称为档案实体分类，或直接称为档案分类。档案实体分类是指根据档案的来源、形成时间、内容、形式等特征，对档案实体进行的分类。该分类有两个层次，即档案馆级的分类和档案室级的分类。

（一）档案馆级的分类

档案馆级的分类是指对一个档案馆内全部馆藏档案的分类，我国档案馆的档案是按照全宗和非全宗形式进行分类和保管的。文书档案以全宗作为科学管理的基本单位；科技档案以工程项目、产品型号、科研课题、专业性质、地域特征等非全宗形式作为科学管理的基本单位。

（二）档案室级的分类

档案室级的分类主要有全宗内档案的分类和非全宗形式档案的分类。全宗内档案分类的标准主要有档案的形成时间、来源、内容和形式等。非全宗形式档案分类的标准主要有工程项目、产品型号、科研课题、专业性质、地域特征等。

四、档案内容信息分类

档案内容信息分类是指以国家机构、社会组织的职能分工为基础，结合档案内容所记述和反映的事物属性关系对档案信息进行的分类。

五、国家档案全宗的分类

档案分类按照来源、时间、内容和形式等方面的异同，将归档文件划分为若干层次和类别，构成一个有机体系。分类过程中应正确判定文件所属年度和机构。常用的档案分类方法有以下几种：

第一，年度分类法。以形成和处理文件的年度为标准，将档案分成各个类别。

第二，组织机构分类法。根据文件处理阶段和处理文件的承办单位进行分类，即按照立档单位的内部组织机构将档案分成若干类别。

第三，问题分类法。以文件内容所涉及的问题为根据，将档案分成各个类别。

以上三种分类方法和保管期限结合使用，形成下列复式分类方法：

其一，年度组织机构保管期限分类法。先将立档单位内的档案按年度分开，然后在每个年度内再按组织机构进行分类，再在组织机构下按保管期限划分。

其二，保管期限年度问题分类法。先将归档文件按保管期限分类，每个保管期限下按年度分开，然后在每个年度内再按问题分类。

其三，组织机构年度保管期限分类法。先将归档文件按组织机构分类，每个组织机构下按年度进行划分，再在年内按保管期限分类。

其四，年度问题保管期限分类法。先将归档文件按年度进行分类，每个年度下按问题分类，再在问题下按保管期限进行分类。

第三节　档案工作的内容与性质

档案工作指管理档案和档案事业的活动，包括档案管理工作、档案行政管理工作、档案教育工作、档案科学研究工作和档案宣传工作等。档案管理指档案的收集、整理、鉴定、保管、统计和提供利用等活动，即档案室和档案馆所从事的档案业务工作。通常说的档案工作是指狭义的档案工作，即档案管理。

一、档案工作的内容

(一) 收集档案

收集是指档案馆（室）接收或征集档案和其他有关文献的活动。通过收集使分散的、数量浩繁的档案集中起来，便于档案的科学保管和有效利用。

(二) 整理档案

整理是指按照一定的原则对档案实体进行系统分类、组合、排列、编目，使之有序化的过程。通过档案整理工作使成分复杂的档案条理化、系统化，利于档案的保存和使用。

(三) 鉴定档案

鉴定是指按照一定的原则和标准，判定档案的真伪和价值，确定保管期限及决定档案存毁的一项工作。通过鉴定工作，去粗取精，剔除失去保存价值的档案，使档案保管机构的人力、物力和财力能够充分发挥作用。

(四) 保管档案

保管是维护档案的完整与安全的活动。其基本任务有两个：一是维护档案实体的系统性，使库藏档案始终有序；二是保护档案实体，最大限度地减少人为或自然因素的损坏，延长档案的“寿命”。

（五）检索档案

检索是指存储和查找档案信息的过程。档案检索工作将档案信息运用一系列方法进行加工处理，形成各种检索工具，供人们查找所需档案。

（六）编研档案

编研是指在研究档案和社会需要的基础上，按照一定的题目、体例和方法编辑档案文献的活动。通过档案编研工作，可以满足更多的利用者的利用需要，让档案信息以编研成果的形式长远流传下去，并延长档案原件的寿命。

（七）利用档案

利用又称利用服务，是指利用者以阅览、复制、摘录等方式使用档案的活动。档案得以利用是档案管理工作的最终目的，通过利用可以使包含在档案中的凭证价值和参考价值得以发挥和实现。

（八）档案统计

档案统计是指对反映和说明档案及档案工作现象的数量特征进行搜集、整理和分析的活动。通过档案统计工作，不仅可以为整个档案管理工作提供真实可靠的原始数据、基本事实，让人们对档案及档案工作做到“胸中有数”，而且还为档案工作决策提供强有力的信息支持，保证决策的科学性。

二、档案工作的性质

（一）管理性

档案工作的管理对象是档案及档案事业。档案工作必须用一整套科学的理论原则和技术方法管理档案，对繁杂的档案进行研究、考证和系统管理。

档案工作是各项工作的重要组成部分，任何一项管理工作都离不开档案工作。

（二）服务性

档案工作是一项提供档案信息，为社会各方面工作服务的工作。服务是档案工作赖以存在和发展的基础。

档案工作者应当树立服务意识，掌握服务技能，完善服务条件，提高服务质量，积极为社会建设做出贡献。

第二章 档案收集与整理工作分析

按照档案形成的规律，把分散的材料接收、征集、集中起来，并对收集来的档案分门别类组成有序的体系是档案管理中的一项基础工作。通过档案的收集与整理，档案管理人员可以把分散在各机关、部门、个人手中和散失在社会上的档案集中到机关档案室和国家档案馆中进行科学管理，从而建立齐全档案实体的管理秩序，为档案鉴定、保管、检索、利用、编研等工作奠定基础。

第一节 档案收集与管理工作的内涵

一、档案的收集工作

（一）档案收集工作的内容

档案收集是一种按照国家的规定，通过例行的方式和制度接收、征集有关档案和文献的活动，这种活动可以将散落在各机关、组织、个人手中的相关档案统一收集到有关的档案室或档案馆，以便实现对相关档案的科学管理。具体来看，档案收集工作涉及以下几方面的内容：

第一，机关单位、事业单位和企业单位的档案室对本单位所要归档的档案的接收。

第二，档案馆对辖区内现行的机关单位、事业单位、企业单位和撤销单位的具有长期保存价值的档案的接收。

第三，对各个历史时期所形成的档案的接收与征集。

档案收集工作并非一项简单的事务性工作，而是一项会受国家政策影响，并且具有很强业务性特征的工作。这主要体现在两方面：一方面，档案室和档案馆在收集档案时需要根据国家政策规定，以及档案的特性进行选择；另一方面，档案收集工作受档案形成者的档案意识水平、价值观以及档案馆（室）保管条件等多种因素的制约，需要综合研究、统筹规划，提高档案收集工作的质量。

（二）档案收集工作的地位

在整个档案管理工作中，档案收集处于一个十分特殊的地位，这一地位主要体现在四个方面：一是档案收集工作是档案馆（室）积累档案的一种重要手段，也是档案馆（室）开展档案工作的业务对象和业务起点。二是档案收集工作是档案馆（室）对档案进行有组织、有目的、有纪律、有规划的管理的一项具体措施。三是档案收集工作质量的高低情况，会直接影响档案馆（室）其他工作的开展和实施。四是档案收集工作是档案馆（室）和外界发生联系的重要环节之一，是以国家相关政策为依据，与社会进行广泛接触，且需要工作人员具有较强的业务能力的工作。

（三）档案收集工作的特点

1. 预见性与计划性

作为人类各种社会活动的伴生物，档案的形成具有很强的分散性特点，即档案是散布于社会各个方面的，档案室和档案馆要进行档案收集，只有对其进行认真调查，科学地分析和预测档案形成、使用、管理的规律和特点，这样才有助于从分散的档案中做好收集工作。

同时，档案馆和档案室在进行档案收集时，还必须充分、全面地了解和把握本馆（室）主要档案用户的利用动向、特点和规律，以便结合档案用户的长远需要，收集能为他们所用的档案，真正发挥档案收集的作用，这意味着档案馆和档案室需要提前做好档案收集工作的计划，以便有计划、主动地开展档案收集工作。

2. 完整性与系统性

档案收集的一个重要要求就是收集到的档案必须在种类、内容方面符合齐全、完整的特点，档案之间也应能构成一个有机整体，这就使档案收集工作也表现出完整性和系统性的特点。档案收集的完整性和系统性特点要求档案收集工作人员在收集档案时，必须考虑档案当前以及未来在生产、生活中能起到的积极作用，以便真正发挥档案收集信息参考的价值。

3. 针对性与及时性

档案收集工作必须根据各级各类档案馆（室）的档案收集范围进行，不可擅自收集不属于本馆（室）收集工作范围的档案，以保证收集工作能够有目的、有重点地进行。档案收集工作还具有及时性的特点，它要求档案收集人员必须具有明确的时间意识，将应当接收或征集的档案及时收集进馆（室）。档案部门应当尽最大的努力，在掌握有关信息线索的前提下，采取相应的行动，尽快将档案收集起来。

二、档案的管理工作

（一）档案管理工作的内容

一般情况下，档案管理工作的内容主要包括区分全宗、在全宗内建立档案分类、立卷并进行案卷编号、编制案卷目录。而考虑到实际工作中存在状况的差异，具体的档案整理工作内容也会有所不同，从实际情况来看，目前我国的档案管理工作，按其内容范围大致可以分为以下三种情况：

第一，在正规的工作条件下，档案室所接收的文件大多数是由文书部门和业务部门按照本室档案归档工作的要求立好的案卷，而档案馆接收的档案则是根据本馆档案要求整理好移交的案卷。也因为这样，档案室和档案馆的档案管理工作主要是对接收的档案进行更大范围的系统整理，如全宗和案卷的排列、案卷目录的加工等。

第二，已经入馆、入室保管的档案文件，档案室在整理时可能发现其中存在一些不符合本馆、本室档案工作要求的情况，这就需要档案馆和档案室根据本馆、本室档案工作要求对其进行重新加工整理，以提高档案整理的质量。同时，还有一些保存时间较长，档案自身和整理体系已经发生变化的档案，档案室和档案馆也需要对其进行调整。

第三，档案室和档案馆也会接收一些零散的档案文件，这就需要工作人员对其进行全过程的整理和加工，其工作内容与一般档案整理工作内容相同，即区分全宗、在全宗内建立档案分类、立卷并进行案卷编号、编制案卷目录。

在实践中，我国档案室和档案馆对档案的管理主要属于第一种情况，但后两种情况也经常出现。因此，档案工作人员需要熟悉整个档案管理工作的程序，掌握相应的业务能力。

(二) 档案管理工作的程序

1. 系统排列和编目

在正常情况下，档案室接收的是文书部门和业务部门按照归档要求组合好的文件材料，而档案馆接收的是各个单位档案室按照进馆规范系统整理的档案。因此，对于档案室和档案馆来讲，档案管理工作只是在更大范围内对接收进来的档案做进一步的排列和编目。

2. 局部调整

档案馆（室）在日常管理工作中，要定期对所藏档案进行检查，发现明显不符合要求、确实影响保管和利用的档案，档案馆（室）有责任对不合理的整理状况进行局部的调整。

3. 全过程整理

档案馆（室）在收集档案过程中，由于种种原因，其中有些档案没有经过系统的整理，处于凌乱状态，这就必须进行全宗划分、组合、排列和编目的全过程整理工作。

(三) 档案管理工作的原则

1. 注意保持档案之间的有机联系

可以说，档案整理的任务就是要“自然地”按照档案文件“固有的次序”去排列组合档案文件实体并固定它们相互间的位置，使之保持其内在的、客观的有机联系，形成具有合理有序结构的整体。

档案之所以会对各种类型的、有着不同需求的用户有用，就是因为它记录了一定的人类活动过程。这种活动过程是与各种事物相联系的，因此日后的利用者才会从这一活动过程与自己查考的事物的关系的角度，需要利用这种档案。也就是说，从各种角度、方面对档案的利用要求，实际上是档案所反映的活动过程本身所诱发的，是由这种活动本身的存在而派生出来的。因此，档案分类只能依据形成档案的活动过程本身所具有的运动规律和科学程序来进行，即应以保持文件中与这种过程、规律或程序相吻合的本质有机联系为原则。

档案之间的有机联系并不是绝对的，而是相对的。在同样类型的活动过程中，事物之间的各种矛盾和联系也是多种多样的。哪种主要，哪种次要，这是随客观条件的变化而变化的，对待文件间的有机联系必须具体问题具体分析，从实际出发变换方法，力求保持文件间最紧密的联系，才是唯一正确的做法。

2. 充分利用原有的整理基础

档案是历史的产物，在入藏以前，有的可能存有被保管、利用过的痕迹，有的则可能经过历代档案工作人员的整理。因而在档案整理过程中注意发现上述遗迹并加以利用，即充分利用原有的基础，也是科学组织档案分类工作的一条原则。

档案中存在的经初步保管、整理的状况或成果，在某些情况下，可能会具有一定的合理成分。如文书处理人员为便于承办和利用，常把同一事件的请示与批复放在一起，造成了档案文件间一种自然的排列次序；而过去的档案人员整理文件时，更是出于当时的某种需要或某种考虑，把具有某种共同特征（问题、作者、时间或形式等）的文件组合在一起。正因如此，应该从实际出发，充分认识并利用原有的基础，以确定档案整理的任务与方式，不轻易打乱重整。就是说，在整理档案之前，应对档案的现状做调查研究。

首先，如果发现档案已初步经过整理，原有的基础较好，一般就不必打乱重整。这种原有的基础，按现时的标准衡量，可能在保持有机联系的问题上有这样那样的缺陷。但是整序档案作为实体控制的手段，其目标无非是要使档案按一定的规则或规律排列起来，确定其存放的位置以便于检索。只要这些档案有规可循，有目可查，一般就应尽量保持其原有的整理体系。

其次，即使原有的基础很不理想，根本就未经过整理，必须重新整理的，也应仔细研究存在于档案中的每一丝线索，不能轻易打乱或破坏文件产生处理过程中形成的自然顺序或前人的整理成果。也就是说，要注意吸取原有基础上的合理成分，即使对某些极简单的保存与清理工作的痕迹，也应注意分析是否有参考价值。只有在全面掌握原有的基础情况以后，才能拟订确实可行的计划，动手整理或仅仅进行局部调整。

3. 便于保管和利用

整理档案时，应充分利用档案原有的基础，积极保持档案之间的有机联系，但在具体的整理实践中，有些文件之间的有机联系容易与档案保管的便利性产生冲突。因此，在整理档案时，如果档案之间的有机联系与档案保管的便利性产生冲突时，不能只重视文件联系，还要充分考虑档案保管与利用的便利性。对于不同种类、不同载体、不同机密程度、不同保管价值的档案应根据具体情况具体处理，恰当组合，以便在一定范围内保持档案的最优化联系。

档案整理必须便于保管和利用，但不意味着通过它就能完全满足从多角度检索档案文件的一切需求。便于保管和利用既是档案整理的出发点，也是整个档案管理工作的出发点。档案整理工作的任务是按一种规则排列档案实体使之形成有序的结构，从而为档案的更好保管和进一步利用提供必要的基础。至于使档案信息能从多角度检索，满足一切查询要求，那是智能控制的任务，不能强求由档案的实体整理去完成。

第二节　档案室与档案馆的收集工作

一、档案室的收集工作

档案室的收集工作包括接收本单位归档的文件和收集未及时归档的

平时文件两个方面的内容。其中，文件归档是档案室收集档案的主渠道，平时文件的收集则是一种补充的形式。

（一）文件归档

各单位在工作活动中产生的文件材料办理完毕后，不得由承办部门或个人分散保存，必须由文书部门或业务部门系统整理，定期移交给本单位档案室集中管理，这就是归档。在我国，归档是国家明文规定的一项制度，并且以法律的形式固定下来，这就是通常所说的归档制度。归档是档案室收集工作的重要内容和最基础的工作，建立健全归档制度能够确保档案室档案来源的连续性，为国家积累档案财富提供重要保证。

1. 归档范围

归档范围是指办理完毕的档案文件应该归档还是不应该归档的范围。决定文件是否应该归档的因素主要是档案文件本身的保存价值。

第一，能反映本机关历史发展情况，以及本机关的主要职能活动，并且对本机关的工作具有利用价值的文件材料。

第二，在机关工作活动中形成的，在维护国家安定、公民权益等方面的凭证性文件材料。

第三，本机关需要执行的上级机关、同级机关的文件材料，以及下级机关报送的重要文件材料。

第四，其他对本机关工作具有参考价值的文件材料。

不属于归档范围的文件材料，主要包括以下几种：

第一，备份的文件材料，如国家相关机关印发的文件，本单位内凡有备份的，均由主管单位负责归档，其余可不必归档。

第二，一般事务性，且没有保存价值的文件材料。

第三，未经会议讨论，未经领导审阅、签发的文件材料。

第四，未成文的草稿，以及经过多次修改的修改稿。

第五，与本机关、单位业务无关的由主管机关和非隶属机关发来的文件材料。

第六，本机关领导兼任其他机关职务期间形成的文件。

第七，一般人民来信。

第八，法律规定的不得归档的文件材料。

总之，确定归档范围的一般原则是：归档文件必须具有一定的保存价值，必须符合各机关文件材料的实际状况。各机关和单位应根据国家的统一规定和要求，确定本机关归档和不归档文件材料的范围。

2. 归档时间

归档时间是指文书处理部门或业务部门将需要归档的文件材料向档案室移交的时间。

《机关档案工作条例》规定：机关文书部门或业务部门一般应在文件办理完毕后的第二年上半年，即在次年6月底以前向档案部门移交。

《企业档案工作规范》规定：企业在经营管理工作、生产技术管理工作、行政管理工作、党群工作中形成的文件，一般应在办理完毕后的第二年第一季度归档。

具有一定专业性的文件可以另行规定合适的归档时间，如会计档案在会计年度终了后，可暂由会计机构保管一年，期满后，应当由会计机构编制移交清册，移交本单位档案机构统一保管；学校档案应当在次年6月底前归档；磁带、照片及底片、胶片、实物等特殊载体则应在工作结束后及时归档，或和相应内容的纸质载体同步归档等。在这些文件中，科技文件的归档不同，它没有固定的归档时间，主要根据科技文件材料的不同类型和特点、不同的形成规律和利用需求来确定合适的归档时间。一般来说，有定期归档和实时归档两种。定期归档可分为按项目结束时间归档、按子项目结束时间归档、按工作阶段归档、按年度归档四种，实时归档适用于机密性强的科技文件材料和外来材料（外购设备的随机图纸、文字说明，委托外单位设计的文件材料等）。

3. 归档文件的质量要求

根据《归档文件整理规则》的规定，应该从下列几个方面检查归档文件的质量。

第一，归档的文件应齐全、完整，每份文件不缺张少页，并组成保管单位。

第二，遵循文件的形成规律，保持文件之间的有机联系，区分不同价值，便于保管和利用。

第三，卷内文件经过系统整理和编目。

第四，案卷封面填写清楚，案卷标题准确，案卷排列合理，编号无误。

第五，编制了完整的案卷目录和相关的文件。

第六，对已破损的文件应予修整，对字迹模糊或文件载体存在质量隐患的文件应予复制。

第七，归档文件所使用的书写材料、纸张、装订材料等应符合档案保护要求。

第八，在文书档案文件组卷时，一般应将文件按年度分开，不同年度形成的文件一般不可放在一起组卷。但是，跨年度的请示与批复，应放在批复年度立卷，没有批复的，放在请示年度立卷。

第九，录音带、录像带、影片、照片等特殊载体的文件，应同纸质文件进行统一整理、编目，但要分别存放，在案卷目录上要注明互见号，以保持文件间的历史联系，便于查找利用。

第十，绝密文件和绝密电报应该单独立卷（少量普通文电如与绝密文电有密切联系，也随同绝密文电一起立卷）。

（二）平时文件的收集

平时文件的收集是指档案室在执行归档制度之外对零散文件的收集。

1. “账外”文件的收集

“账外”文件是指未经单位文书部门登记入账，在收、发文登记簿上无“账”可查的文件。“账外”文件主要有：本单位召开的各种会议文件材料；本单位领导人和业务人员外出开会或参观学习考察等活动中获取的文件材料；外单位直接寄发给领导“亲启”的文件或直接给部门和有关人员的文件材料；本单位内部各种规章制度、统计数字材料等。

2．专业文件的收集

专业文件是指在各项专业活动中形成的文件和特殊载体的文件材料。档案室在重视对文书档案、科技档案收集的同时，还应重视对各种专业文件的收集；在重视对纸质文件收集的同时，还应健全归档制度，重视对音像等其他载体文件的收集，确保档案室保存的文件门类齐全。

3．零散文件的收集

零散文件的形成原因主要有两个方面：一是某些单位由于归档制度未建立或归档制度执行不严，致使文件材料分散保存在内部机构、领导或业务人员手中，特别是未经收发室登记的文件和某些内部文件；二是由于机构调整、人员变动或发生搬迁、灾害等特殊情形，使归档文件不齐全、不完整。

二、档案馆的收集工作

档案馆作为国家的文化事业机构，是集中保管国家重要档案的基地，是社会各方面利用档案信息资源的中心。因此，它必须以拥有丰富、优质的馆藏档案和资料为基础。做好档案的接收与征集工作是档案馆工作中一项非常重要的内容。

（一）档案馆档案接收的范围

档案馆档案接收的范围包括以下几个方面：

第一，本级各机关、团体及其所属单位具有永久保存价值的档案，省辖市（州、盟）和县级档案馆同时接收长期保存的档案。

第二，属于本馆应接收的撤销机关、团体的档案。

第三，属于本馆应接收的中华人民共和国成立以前的各种档案。

党的组织关系在地方，属于地方和上级主管部门双重领导的单位形成的、以反映地方某项事业或建设活动为主的档案，经有关方面协商，也可以属于第一条范围内。

另外，集体所有制单位和典型私营企业形成的有进馆价值的档案和著名人物档案，经协商同意，也属于第一条的接收范围。

（二）档案馆档案收集的要求

为保证接收工作的顺利进行，档案馆在接收档案时，一般应符合如下要求：

1. 档案整理编目规范

档案由有关单位收集齐全，并按规定进行系统整理。

2. 档案收集完整

进馆档案应按全宗整理，保持全宗的完整性。一个全宗范围内文书档案、科技档案、音像档案和实物等各种门类和载体的档案应作为一个整体，统一移交给一个档案馆。

3. 档案检索工具齐全

接收立档单位档案的同时，应将其编制的组织沿革、全宗介绍、案卷目录等有关检索工具以及与全宗相关的各种资料一并接收。

4. 限制利用意见明确

对自形成日期满 30 年仍能对外开放的档案，各有关单位应在移交时提出明确的控制利用意见。政府信息公开部门应对移交档案中涉及政府信息的，书面告知其原有公开属性。

5. 清点核对手续完备

档案移交时，交接双方必须根据移交目录清点核对无误，并在交接文据上签字盖章，一式两份分别由双方单位保存。

（三）档案馆档案收集的任务

1. 现行机关档案的收集

现行机关档案中具有长远保管意义的部分，需要定期向档案馆移交。接收现行机关档案室移交的档案，是各级档案馆的常规任务。

在对现行机关档案的接收时间上，档案馆接收现行机关保管期满的档案时，有逐年接收和分段接收两种办法。逐年接收，就是每年对现行机关保管期满的档案接收一次；分段接收，就是要隔一定时期（如 3 年、5 年）对现行机关保管期满的档案接收一次。一般采用后一种办法为宜。

现行机关档案产生和形成的档案文件数量多、完整、系统，并且具有连续性。收集这些档案时需要满足以下几个方面的要求：

第一，按规定向档案馆移交的档案，应该收集齐全（与档案有关的资料、立档单位的组织沿革、全宗指南及有关的目录、索引等检索工具，随同档案一并接收），并按全宗作为一个整体归入档案馆，不得随意分散。

第二，进馆的档案必须真实。凡有疑点的档案，都要尽可能加以考证，如果一时难辨清楚，也要存疑，予以证明。

第三，在接收档案过程中，除了履行必要的交接手续以外，在档案进馆前应做好案卷的检查验收，具体可以按照自检、互检、检查小组检查接收的步骤进行。

第四，馆藏档案内容除具有普遍性特点以外，还必须反映本地区的特点，有独到的地方特色。各省（市、自治区）档案馆的馆藏内容，要有有别于其他省（市、自治区）的鲜明地方色彩，要把带有地方特点的档案，作为接收的重点，以防止档案内容的大量重复。

第五，现行机关移交档案时，必须根据移交目录，同接收档案的有关档案馆一起清点核对，并在交接文据上签字盖章，以便明确交接双方的责任，保证进馆档案的完整齐全。

2. 撤销机关档案的收集

撤销机关档案具有易分散、整理不系统、存在尚未办理完毕的文件等方面的情况。为此，档案馆在接收撤销机关的档案时，除了应按接收现行机关档案的要求对所接收的档案进行检查外，还应注意以下问题：

第一，机关撤销或合并时，严禁将机关在历史活动中形成的文档予以分散、损毁、丢弃，而应将全部档案进行认真地清理、鉴定，并妥善保管，之后按照国家相关规定，将这些档案移交到相关档案馆进行管理。

第二，当某机关被撤销，其业务被划归到其他几个机关时，也不能将这个撤销机关原本留存的档案文件予以分散，而应将其视作一个有机整体妥善保管。然后由相关的单位通过协商的方式处理这些档案，当然也可以将其交给某个接管机关代管，或移交相关档案馆。

第三，当某个机关并入另一个机关，或几个机关合并为一个新的机关时，应按机关将其档案分别组成一个有机整体，然后分别向有关档案馆移交，而不能将这些合并前的机关档案与合并后形成的档案混合在一起。假如接管撤销机关职能的机关，因为工作需要，可以在征得有关档案管理机关同意后，暂时代管撤销机关的档案。代管过程中一定要注意不要将撤销机关的档案与本机关的档案混淆，以便日后能清楚明白地将撤销机关的档案移交到有关档案馆。

第四，机关撤销或合并时，假如存在还没有办理完毕的档案文件，应将这些文件转交给承接原机关单位职能的有关机关进行后续档案的处理。

3. 第二、三级单位形成档案的收集

各级人民政府的直属工作部门所属的独立分管某一方面工作或从事某项事业的行政管理机关和企事业单位，以及有代表性的第二、三级单位形成的档案应向各有关档案馆移交。

(四) 档案馆档案收集的方式

一般而言，档案馆对档案的收集方式主要有两种：逐年接收和定期接收。逐年接收即每年接收一次档案，定期接收就是每隔一定时期（如3年、5年）接收一次。

但是，档案馆对科技档案的收集方式有所不同，实行相关单位主送制和科技档案补送制。

1. 相关单位主送制

对于普通文书档案而言，应按要求将其中具有永久和长期保存价值的档案都移交进馆。科技档案则不采取这种普遍接收进馆的制度，而是实行相关单位主送制，即对不同种类及不同项目的科技档案，按照国家有关规定，分别确定报送单位，主送单位报送档案中的不足部分由其他有关单位补充移交。

2. 科技档案补送制

建立补送制的目的是及时反映进馆档案所涉及的科技或生产项目的发展变化情况，保持馆藏科技档案的完整性和准确性。例如，进馆档案所反映的基建项目进行重大改建、扩建，产品改型、换代等，在这些情况下，原移交单位要向档案馆补送相关的科技档案。

第三节　档案的整理工作分析

使档案实体系统化、有序化的整理工作也可称为档案的整序，它主要是通过分类来进行的。整序的过程就是对档案实体分分合合，将它们分层次组成全宗群，全宗、系列和案卷（或保管单位）并进行排列的过程。

一、区分全宗和全宗群

档案整理首先从区分全宗开始，档案信息的有机关联性首先是在全宗这一层次上体现出来的，因为全宗是档案馆对档案进行日常科学管理的基本单位。衡量文件的价值以决定是否选择它们进入档案馆的工作，是以全宗为基础进行的；为档案编目，保管、交接档案，也都要按全宗进行。全宗在馆藏建设和对档案实体施行控制的过程中有举足轻重的地位。

全宗是一个国家机构、社会组织或个人在社会活动中形成的具有有机联系的档案整体。一个全宗反映了一个单位或个人活动的全过程。同时，全宗也是档案馆（室）对档案进行科学管理的基本单位。

（一）确定全宗的构成方式

区分全宗实际上就是将产生于同一活动过程的档案集中在一起，以便使它们与其他各类档案区别开来。科学地确定全宗的构成方式是区分全宗的前提，而全宗的构成方式是指全宗围绕什么样的核心（主体还是客体）形成，因此，确定全宗的构成方式实际上就是在判断全宗范围和界限的基础上，确定全宗是围绕什么中心形成的。

然而，任何人类活动都是主体、客体之间相互作用的复杂过程，站在不同的角度，按不同的标准观察分析，对活动过程和文件据以形成的核心就必然会有不同的理解，得出不同的结论。机关档案室档案之所以应构成主体全宗，就是因为站在现行机关的立场上，必然把由本机关进行的全部活动，看作以本机关主体为中心进行的完整活动过程。但是如果站在更宏观的角度，即站在档案馆的立场上，从全社会的范围观察分析，对此又可能会有不同的认识，而且不同类型的档案馆的服务目标和担负的任务不同，所体现的社会需求和用户整体利益也不同。站在它们各自不同的立场上，分析形成全宗的人类活动过程和全宗本身的构成方式，其结论必然不尽一致。

具体来看，立档单位不是固定不变的，由于社会的发展，事业的进步，常常引起一些机关的增设、撤销或合并，这些发展变化常常给全宗的划分带来一些新的问题，需要在实践中认真对待。这就要求在具体划分时应该研究立档单位的各种变化情况，辨别哪些变化是根本性的，应当产生新的立档单位和全宗；哪些变化是非根本性的，不应成立新的立档单位和全宗。

1. 临时性机构档案的区分全宗

各种临时性机构形成的档案，一般不设立新全宗。因为临时性机构的业务往往属于某机关或若干机关业务范围之内，存在的时间不是很长，形成档案的数量不多。个别独立性较强的临时性机构，存在时间较长，其档案也可以考虑成立新的全宗。

2. 立档单位变化所导致的区分全宗

在立档单位的性质无根本变化的情况下，主要是分析基本职能是否有根本变化。

（1）新建

新建立的机关、企业、事业单位，它们的档案可以构成一个全宗。

（2）独立

某一个单位原属一个立档单位，但后来这个单位被分离出去，负责原立档单位的部分职能。从它独立之后，它所形成的档案就可以构成一个新的全宗。

（3）合并

由两个或两个以上的撤销单位构成一个新的单位，这个新的单位虽然与其原单位前后存在一定的联系，但在职能上却有明显的差异，它们所形成的档案也应构成一个新的全宗。

（4）分开

当一个机关、单位被分割为两个或两个以上的单位，原来的机关、单位在分割之前应构成一个全宗。分割后形成的新机关、单位分别构成不同的全宗。

（5）合署

当两个单位合署办公，但其文件又是分开处理时，它们所形成的档案，应分别构成全宗。

（6）从属

当某一个立档单位由于工作的需要，后来变为某一个机关内部的组织机构时，改变之前形成的档案为一个全宗，改变后形成的档案为另一个全宗的一部分。

3. 组织全宗与个人全宗档案的区分

个人全宗与组织全宗中的档案在有些情况下会出现交叉现象，也就是说某些档案既有一定的个人属性，又体现出组织属性，如某个单位领导以个人名义发表的文件。对于这种情况，一般采用这样的处置方式：凡是以组织的名义制发的文件都应归入组织全宗，个人全宗如果有必要，可以保留副本；组织全宗中不保存个人性质的文件，如个人自传、对个人情况的调查文件等；决不允许将具有组织与个人双重性质的档案文件抽出归入个人全宗中。

（二）全宗群及其划分

联系密切的若干全宗的群体，称为全宗群。在我国，全宗的组织常常通过组建“全宗群”来体现和维系全宗之间的联系。各个立档单位的工作活动是互有联系的，因此，一定的全宗之间也就有了必然的历史联系，这种具有时间、地区、性质等共同特征的，有密切联系的若干全宗的组合体，称之为“全宗群”。具体来说，全宗群是指同一时期或地区，在纵向或横向方面具有相同性质的立档单位形成的若干个全宗构成的一个有机群体。组织全宗群的目的在于维护同一类型或专业系统的若干个全宗的不可分散性和保持文件材料在更大范围内的历史联系，便于管理和开发利用。

为了便于保管和利用，应该把互有联系的全宗组织放到一起，维护一定类型全宗的不可分散性。如按照立档单位的性质，把档案分成工业交通系统，农林水利系统，财政、金融、商业贸易系统，科学文化、教育、卫生系统等；或者按区域分类，分别组成全宗群。全宗群分类一般应和档案的分库保管相一致，一个或几个性质相近的全宗群应当集中保存在相同的档案库房内。全宗群不是具体对档案进行整理和统计的一个固定的实体单位，而是在档案管理中起指导和组织作用的一种形式和方法。

（三）全宗的编号

各个档案馆都保存了一定数量的全宗，为了便于各项工作的开展，除了要对全宗进行一定的组织外，还应给每个全宗编一个代号，称为全宗号。

全宗号是档号的组成部分，在档案数量、全宗数量增加以及检索工作发展的情况下，全宗号对于档案系统化整理、编目、检索有十分重要的作用。

1．全宗编号规则

第一，对全宗进行编号，要考虑馆藏全宗的特点及管理的方便。根据全宗的类型和数量合理编号。

第二，应为新全宗的编号留有余地，避免因新入馆的全宗打乱整个编号体系。

第三，全宗号应力求简洁，方便实用，不能过于烦琐。

第四，全宗与全宗号之间一一对应，一个全宗只能有唯一的一个号码，便于统计和检索。全宗号数应能如实反映馆藏全宗数量和档案出处。

第五，已编好的全宗号不得任意更改，应保持其稳定。即使某一全宗的全部档案都已移出，该全宗号亦不得挪作他用，以免发生混乱。

2. 全宗编号方法

对全宗编号的方法有很多且各不相同，归纳起来主要有序时流水编号法和体系分类编号法两类。序时流水编号法是按全宗进馆时间的先后顺序编号。这种编号方法简单实用，比较客观，适合全宗量不大、全宗类型较单一的档案馆采用。体系分类编号法是对全宗先进行一定的分类或分组，再编号。这种编号的方法逻辑性、系统性强，层次分明，能反映全宗本身的性质和特点，但编制较复杂，其号码不易分辨和记忆。这种编号方法适合馆藏全宗数量大，全宗的时间、地域跨度大，类型复杂的档案馆采用。这两种全宗编号方法各有优缺点，在具体应采用哪种方法来编号时，档案馆应依馆藏全宗的状况而定。

全宗的编号与全宗在库房内的实际排列顺序有时一致，有时不一致。在一些规模较大、馆藏数量较多的档案馆，不一致的情况居多。全宗的排列可按全宗号顺序排列，也可按立档单位的历史时期、性质、所属系统、地区以及立档单位名称的音序或笔画排列。在我国，通常按全宗群来排列，即把同一时期、同一系统或相同性质的全宗排列在一起，以保持同类全宗之间的联系。一般来说，全宗的排列方法和次序对全宗的编号无决定性影响，当全宗在库房中的排放根据保管需要有所变动时，并不需要改变全宗号。但全宗号作为查找档案出处的一种手段，若与全宗的实际排列顺序相一致，则有利于迅速找到所需档案。

二、全宗内档案的分类

（一）全宗内档案系列的划分

划分系列在全部档案整理程序中是承上启下的环节。它不仅深化了由区分全宗开始的整序过程，而且为立卷及案卷排列等工作奠定了基础。分类必然是一个由总到细，从一般到个别的逻辑过程。

划分系列包括选择分类方法、制定分类方案和分类文件等具体内容，它是在区分全宗的基础上进行的。二者的区别在于：区分全宗是站在宏观角度上，以整个档案馆已经和将要收藏进馆的档案为受控客体，其目标是保证档案反映同一活动过程的完整性；划分系列则是站在微观角度上以某一全宗内的全部档案为受控客体，其目标是改善全宗内文件数量多、内容杂又巨细不分、仍不便于检索的现状，使之分别归入相互联系、相互制约、层次分明、结构严谨的类别系列中去，从而有可能系统地提供利用。

（二）全宗内档案的分类

1. 全宗内档案的分类原则

全宗内档案分类总的原则是要科学、客观、符合逻辑，能反映档案的形成特点和规律。具体分类原则包括以下四个方面。

第一，根据全宗的性质和特点，选择适当的分类标准。能够恰如其分地揭示档案间的内在联系，使整个分类系统具有客观性，组成一个有机的整体，系统地反映出立档单位的活动面貌。

第二，类目名称应含义明确，具有系统性，有合理的排列顺序。必要时，对类目所指范围和归类方法应有所说明，以保证分类的一致性。

第三，分类层次简明，类目不宜过细、过多。一般来说，类目划分到二级至三级，使之能包容一定数量的案卷。另外，划分类别时应留有伸缩的余地，以便随实际需要增加或减少类别。

第四，分类体系的构成应具有逻辑性，遵守逻辑划分规则。一次分类只能使用一个分类标准，子类外延之和正好等于母类外延，子类之间必须界线清晰，类目概念应明确。

2. 全宗内档案的分类标准

全宗内档案的分类标准主要有按文件的时间、来源、内容、形式四种，每一标准下又有不同的分类方法。

（1）按文件产生的时间分类

按文件产生的时间对全宗内档案进行分类，可用年度分类形成不同年份的档案，也可按立档单位在发展过程中形成的不同时期（或不同阶段）形成不同档案类别。

（2）按文件的来源分类

按文件的来源对全宗内档案进行分类，可按立档单位的内部组织机构形成不同机构的档案，也可按文件的作者形成不同类别的档案，还可按与立档单位有较稳定的来往通信关系形成不同档案类别。

（3）按文件的内容分类

按文件的内容对全宗内档案进行分类，可按文件内容所说明的问题（事由）分类，也可按文件内容所涉及的实物分类，还可按文件内容所涉及的地理区域分类。

（4）按文件的形式分类

按文件的形式对全宗内档案进行分类，可按文件种类或名称的不同进行分类，还可按文件不同的载体进行区分。

3. 全宗内档案分类方案的编制

全宗内档案分类的表现形式是分类方案，它是用文字或图表形式表示一个全宗内档案分类体系的一种文件。当选用了某种联合分类法以后，就应该编制一份分类方案（又称为分类大纲）。分类方案的编制，应该注意以下几点要求：

（1）排斥性

分类方案中同级的各类地位相等，内容互相排斥。例如，按问题分类，所设问题各类地位相等，不能相互包括。第一类中设教育类，同位类就不能再设高等教育、中等教育类，因为教育类包括高等教育、中等教育……只能把它们设为属类。同级中设有人事类，就不能再设干部任免类，同样道理，既然设财务类，也就不能再设经费类。

（2）统一性

在编制分类方案时，首先要确定采用何种分类方法。第一级采用哪种方法，第二级采用哪种方法，都应明确规定、标示清楚。而在同一级分类中，不能同时并列采用两种以上分类标准。例如，第一级分类是采用年度分类，就不能同时并列组织机构或问题名称。如果是采取两种分类法的联合，那么不仅分类的第一级是统一的，第二级也应该是统一的。例如，采用年度—组织机构分类法，第一级分类是年度，第二级分类是组织机构。

（3）伸缩性

档案是社会实践活动的产物，而社会实践活动是丰富多彩的。工作内容时而增加、时而减少，组织机构时而撤销、时而合并，因此，分类方案中的各类，均应留有伸缩的余地来增加或减少类别，以适应客观变化的需要。

为了使分类方案编制科学、实用，在编制分类方案前还应该做好调查研究工作。要查阅有关材料，了解立档单位的业务执掌范围；对于立档单位的组织章程、办事细则、工作计划与总结认真分析研究，从中了解和掌握立档单位的工作性质、职权范围、业务职责，以便决定采取合适的分类方法；参考本单位原有档案，如果本机关已有旧卷，应该在原有档案分类基础上做周密研究并吸取其合理部分，以补充与修正现有档案的分类方案；还应征求多方意见，经机关负责人批准施行。

科学而实用的分类方案的形成，必须及时征求文书与业务承办人员的意见，集思广益。因为他们对文件的内容与成分比较熟悉，尤其是经办人员对事件、问题的处理过程，有更彻底的了解。分类方案实施以后，往往发生文件与分类方案不尽相符的情况，造成分类困难，应该及时交换意见，对分类项目或增或减，清除障碍，交领导审核批准。

三、立卷和案卷排列

（一）立卷

全宗内档案分类并不以划分系列为终结点，一个系列内众多的文件决定了必须进一步在其中分类，才能便捷地检索利用某一份文件。这种分类往往是通过立卷实现的。

档案不同于图书，单份文件是零散的、大量的，一般不宜作为独立的保管单位，而且文件之间常有密切的联系，所以人们在整理档案时，通常将若干互有联系的文件组合成一个有机整体，称“案卷”，将文件编立成案卷的过程称“立卷”或“组卷”。

案卷是密切联系的若干文件的组合体，它是档案基本的保管单位，也是统计档案数量和进行检索的基本单位之一。案卷是组成全宗的基本单位，立卷是档案整理工作的重要基础，立卷工作的好坏、案卷质量如何，是衡量档案整理工作水平的重要标志。

立卷工作的内容包括组成案卷单位、拟写案卷标题、卷内文件的排列与编号、填写卷内文件目录与备考表，案卷封面的编目与案卷的装订等。我国文书档案基本的立卷方法是“六个特征”立卷法，即根据文件在问题、作者、时间、名称、地区和通讯者特征六个方面的共同点将文件组合成案卷的方法。例如，把同一个作者的文件组成一卷；把同一个会议的文件组成一卷等。按照文件的六个特征立卷时，一般不单一地采用某个特征组成案卷，而是综合分析文件之间的关系，选择其中最能说明客观情况的几个特征作为组卷的依据。

此外，在实际工作中还有一些其他的立卷方法，如将文件按照“事”或“件”组卷的“立小卷”法以及“四分四注意”立卷法等，都具有各自的特点，也是比较适用的立卷方法。

（二）编制卷内文件目录

卷内文件目录是固定立卷成果、揭示卷内文件内容、检索卷内文件的工具，应放在卷内文件之首。从性质上分析，编制卷内目录属智能控制的范畴。如果用计算机编目，应该先对每份卷内文件进行著录，然后将著录结果按档号排序，以卷为单位打印成书本式目录，即卷内目录。在手工条件下，这道工序可暂时按传统习惯，包括在立卷过程中，即在案卷编好页码后，于专门印制的表格上，按照排列的顺序，对每份文件逐项著录。其著录项目，按目前的习惯做法是：文件责任者、文件题名（或内容摘要）、文件字号、文件日期、文件份数、文件在卷内的页码、备注等。

（三）案卷排列与编号

全宗内档案（或档案馆、档案室接收的案卷），经分类、立卷以后还必须进行系统的排列。全宗内各类的序列，已在分类方案中排定，所以通常所说的案卷排列，就是根据一定的方法，确定每类案卷的前后次序和排放的位置，保持案卷与案卷之间的联系。案卷排列方法有以下几种：

第一，按照案卷所反映的工作上的联系来排列。

第二，按照案卷内容所反映的问题来排列。

第三，按照案卷的起止日期（时间）来排列。

第四，按照案卷的重要程度排列。

第五，按照文件的作者、收发文机关以及文件内容所涉及的地区排列。

第六，人事档案或监察、信访等按人头立成的案卷，可以按姓氏笔画、汉语拼音字母顺序或四角号码等方式排列。

上述几种排列方法可以单独使用，也可结合使用。对于不同类型、不同保管期限的档案，在案卷排列中应予以区分。

案卷排列完后应按排列次序编上案卷号，固定案卷的排放位置，案卷号作为档号的组成部分可提供案卷的出处。现行单位大多采取一个组织机构的案卷每年编一个顺序号的办法，或是整个单位一个年度的全部案卷编一个顺序号。历史档案、撤销单位的档案不再形成新的档案，可把一个全宗内所有的案卷统一编号。

四、编制档号

档号是档案馆（室）在整理和管理档案过程中，以字符形式赋予档案的代码。档号通常包括全宗号、案卷目录号、案卷号、件号、页号，档号主要是表示类别及其相互关系的一组符号。在档案的整理、统计、检索、提供利用以及库房日常管理等业务活动中都要运用和借助档号。因此，档号不仅对档案的管理和提供利用有着现实的、制约的作用，而且对于档案工作的规范化和现代化也提供了便利。

具体来看，全宗号一般用四个符号标志，其中第一个符号用汉语拼音字母标志全宗档案门类，另三位符号用阿拉伯数字标志某一门类全宗顺序号。全宗号一经编定，就不要轻易地变动，档案馆内的全宗号应该是固定不变的，即使某一个全宗全部移交出去了，该全宗号在档案馆内仍要保留着。全宗号有三种编法：一是按系统编号，如政法、工交、农林、财贸、文教、科技等；二是按立档单位的重要程度编号；三是按进馆档案的先后顺序编号。

案卷目录号一般采用流水顺序编号法，必要时可在顺序号前加上表示档案保管期限、载体形态等特征的代字。

案卷号是管理档案中最常用的基本代号，是著录案卷目录内每一案卷的流水编号，因此确定案卷号要确定卷内每个案卷的前后次序和排列位置。

件号和页号是文件立卷以后，进行卷内文件的排列，给每份文件以固定的位置，用数字固定文件前后次序的代号。案卷不装订成册时应编制件号，其间不许有空号。

第三章　档案保管管理理论

第一节　档案保管概述

随着信息社会的到来，作为各种社会实践的历史记录的档案，发挥着越来越大的作用。然而，由于时间的推移，在内外部各种因素的影响和作用下，档案不可避免地面临着种种被损坏的威胁。如何确保档案完好地“客观存在”，成为人们在谈档案的开发与利用之前首先要解决的问题，档案保管便成为档案工作的重要环节。档案保管是指在了解和掌握档案损坏规律的基础上，以一定的物质条件为保障，以日常性工作和专门的技术措施为手段，对档案进行保护和管理，以维护档案的完整与安全。科学有效的保管工作，将为整个档案工作的开展提供最起码、最基本的物质保障。

一、档案完整与安全的威胁因素

由于时间的推移和各种因素的影响，档案不可避免地面临着种种被损坏的威胁，从原因产生的根源来看，损害和破坏档案的因素主要包括外部因素和内部因素，如不适宜的温度、湿度、光线或档案本身制成的载体材料寿命有限。在档案保管中，上述因素有些是可控的，有些是难以控制的。对于可控的因素，应该尽可能地杜绝和减少；对于不可控的因素，应事先制定应急预案，防患于未然，将损失降至最低。

二、档案保管工作的任务和内容

在现代社会中，档案的价值和作用是其他信息资源不可替代的，档案的形成和存在又是一个不可逆的过程。可见，档案长久保存和利用的需求，与档案的完整和安全所面临一系列的矛盾，决定了档案保管工作至关重要。

（一）档案保管工作的任务

档案保管工作的根本任务是建立确保档案安全保密的档案安全体系。维护档案的完整与安全，主要体现在以下几个方面：

1. 最大限度地防止和减少档案的损毁

针对档案自身的特性和可能导致档案损坏的种种因素，应该通过整体日常维护和有针对性地采取专门的档案保护措施等手段，为档案的保存和提供利用创造良好的环境，形成合理的工作制度，消除或降低各种不利因素对档案保管的影响。

2. 延长档案的寿命

各类档案的价值和作用不同，档案的保管期限不同，有些需要定期保管，有些需要永久保存。不同载体的档案有一定的寿命，纸张、缩微胶片、光盘磁盘、电子文件等档案载体寿命的有限性，决定了档案寿命的有限性，为了满足“无限”的档案利用需求，需要尽可能地根据不同载体的特点延长档案的寿命。在馆（室）藏档案中，对于保存状态尚好的档案，要定期检查；对于已经不同程度被损坏的档案，应该采取相应的措施进行修复。

3. 确保档案的安全

在档案保管工作中，确保档案的安全包括档案实体的安全和档案内容的安全。实体安全是指档案实体完好地存放在指定的位置；内容安全是指档案的内容没有被泄露。

（二）档案保管工作的内容

基于档案保管工作的任务，档案保管工作的内容涉及以下几个方面：

1. 正确认识和全面把握档案的安全现状和破坏档案的各种因素

档案的安全现状和破坏档案的各种因素直接影响着档案保管工作的

内容。首先，正确认识档案的安全现状包括了解馆（室）藏档案的进馆（室）前后的保管措施、保管过程、有无损坏、损坏程度如何等，便于确定今后的工作目标和工作内容。其次，破坏档案的因素多种多样，表现形式不一，对档案损坏的过程和损坏程度不同，只有全面把握威胁档案安全的各种因素的特点、表现形式，工作才能有的放矢，有针对性地将各种因素对档案的破坏降至最小。可见，正确认识和全面把握档案的安全现状和破坏档案的各种因素，是对工作对象和工作先天影响因素的深入剖析，只有回答了“管什么”“为什么管”的问题，档案保管工作才能有效地开展。

2. 制定和完善档案保管的各项制度和标准

制度是要求大家共同遵守的办事规程或行动准则，制定关于档案保管工作的制度，有利于档案工作者和档案利用者规范自己的行为，明确在档案保管和利用过程中应该做什么、如何做，有何责任和义务避免人为原因造成的对档案的损害，最大限度地保护档案。

标准是对重复性事物和概念所做的统一规定，它以科学、技术和实践经验的综合为基础，经过有关方面协商一致，由主管机构批准，以特定的形式发布，作为共同遵守的准则和依据。档案保管工作标准化有利于工作的规范化；有助于降低工作成本；减少工作中因人为因素产生的对档案保管的变化；有利于为档案保管创造最佳的条件和环境。

在档案保管工作中，从国家层面，到地方各级各类档案馆（室）应形成完整的档案保管工作制度和标准体系，以实现档案保管工作的标准化和规范化，维护档案的完整与安全。

3. 提供档案保管的基本物质条件

档案安全、妥善的保管，离不开基本的物质条件。基础物质条件的好坏，直接影响着档案的寿命。良好的物质条件有利于档案的长久保存。不同载体的档案，如纸质档案、胶片档案、磁性载体档案、光盘档案、电子文件等材料和形成原理的不同，影响其耐久性的因素不同，因此，在保管中对档案库房、装具、设备等基本保管条件也存在不同的要求，尤其对于电子文件，如何在保管中确保其长期可读、可用，已成为档案保管工作的新内容。

4. 日常的档案保管工作

档案保管是一项持续不间断的日常工作，且需要以细致、认真的态度来对待。在做好上述工作的同时，还有大量的工作甚至需要工作人员24小时不间断地持续开展。从工作内容来看，日常档案保管工作包括防盗、防水、防火、防潮、防尘、防鼠、防虫、防高温、防强光、防泄密，称之为“十防”；从工作地点来看，日常档案保管工作的内容包括档案库房中的保管和档案库房外的保管，在库房外的保管又可分为在流通传递中的保管和在利用中的保管。在库房中的保管，主要由档案工作人员来完成，而在库房外的保管，则需要档案工作人员和档案利用者共同来实现，因此，使利用者同样以“爱惜”的态度，科学合理地利用档案也是日常档案保管工作的重要内容。日常档案保管工作繁杂琐碎，但又是档案保管的基础性工作，因此，需要档案工作人员精益求精、细心、耐心地来实现。

5. 开展有针对性的档案保护工作

采用专门的技术和方法对受损程度较大、有重要价值的或其他急需修复的档案进行保护，延长档案的寿命，这是档案保管工作的一项重要内容。

对档案产生破坏的种种因素中，虽然有些因素人们是难以控制的，但我们可以采取相应的保护措施，利用先进的技术，将损失降到最低。例如，通过纸质档案修裱技术能帮助一定程度破损的档案恢复原貌，已成为抢救档案的一项不可缺少的且具有特色的专门技术。这些专门的保护措施需要专业性较强、技术性较强，且细微细致的人才，需要大量的财力、物力的保障，但它在延长档案寿命、保护人类文化历史遗产等方面发挥着重要的作用。因此，每个档案馆（室）在做好日常保管工作的同时，应根据馆藏状况，将有针对性地开展档案保护工作纳入档案保管工作的整体规划中去。

三、档案保管工作的要求

档案保管工作的要求，是完成工作任务的指导和保障。具体工作中，可以将档案保管工作的要求概括为“三结合一区分”。

（一）防与治相结合

档案是人类文化遗产的重要组成部分，保护好档案是延续人类文明、造福子孙后代的重要工作。防和治是档案保管工作中最直接的两种具体要求。“防患于未然”，使档案不受或者少受损害，可以降低保管工作的总体成本，确保档案保管工作的有效性，这是人们的首要责任。为此应建立和完善科学合理的工作制度，创造良好的环境，从档案的形成源头加以规范，加强日常保管工作等都是防止档案遭受破坏的具体措施。

“防”是确保档案安全最基本、最主要的工作要求。“治”是恢复档案原貌、延长档案寿命的有效措施，但也是一种“不得已而为之”的办法，它针对的多是已经受到破坏的档案，是一种弥补性的措施。但是，很多档案，一旦遭受破坏，便是不可“治”的，如大量无法读取的电子文件，很难通过有效的措施来还原。因此，档案保管工作中，防、治要相结合，且应以防为主。

（二）针对重点与兼顾全面相结合

数量巨大的馆（室）藏档案，与有限的人力、财力、物力资源，形成了档案保管工作中的主要矛盾。要实现资源的合理配置和有效利用，必须针对重点与兼顾全面相结合。保管工作中，在明确总体工作目标，认清工作任务的基础上，确定工作的优先级，确定不同时期的不同工作重点和所要解决的问题，要顾全工作的整体进展，又要有针对性地重点解决问题。在“兼顾全面”的基础上“针对重点”，保管工作才更具生命力；在“针对重点”的基础上“兼顾全面”，保管工作才能螺旋上升。

（三）管理与技术相结合

档案保管工作要有效地开展，管理和技术二者缺一不可，二者从不同层面上维护着档案的安全和完整。管理和技术在应对威胁档案安全的不同风险因素中，各自发挥着不可替代的作用。随着科技的发展，无论是管理还是技术，都不是一成不变的。管理的理念、方式需要不断科学化、合理化，技术手段需要不断现代化，以确保管理和技术成为档案保管工作科学发展的双翼。

（四）不同的档案区分保管

在档案保管中，不能采取“一刀切”的模式来管理全部档案。为了实现对档案的合理保管，对于不同价值的档案，应区分保管。在保管工作中，所谓不同的档案，主要是从档案的保存价值、保管期限以及载体等方面加以区分的。对不同保管期限的档案，其保管方式也略有差异。区分保管不同价值、不同保管期限的档案，有助于实现档案保管工作稳定有序地开展。尤其是随着社会科学技术的飞速发展，不同载体的档案大量产生，不同载体记录信息的结构、原理不同，其保管要求也各不相同。因此，不同载体的档案，也应区分保管。

第二节　档案保管条件

档案保管的条件是实现档案安全妥善保管的必备保障，包括人、财、物等方面的基本条件。从人的角度看，档案工作者是实现档案保管工作的主体，是档案保管工作的人力保障。保管工作中，档案工作者在具备必需的专业技能和要求的前提下，高度的责任心和耐心、细心的工作态度也是尤为重要的。从财力角度看，财力支持是一项工作顺利开展的重要条件，档案保管工作也不例外，应充分合理地利用国家和社会给予档案保管工作的财力支持，既要保证档案保管工作的顺利开展，又不能不计成本。从物的角度看，物质条件是档案保管工作中又一重要条件，直接影响着档案的安全状况和寿命。

一、档案库房建筑

档案库房建筑是档案馆中专为存放档案所建的房舍，是档案馆的重要组成部分，主要由纸质档案库、音像档案库、光盘库、缩微拷贝库、母片库、珍藏库、实物档案库、图书资料库、其他特殊载体档案库和过渡间组成。档案库房的状况决定了档案生存的基本条件。在建设中应坚持以下原则：

（一）档案库房的建设应以实现档案的安全保管为首要原则

1．为档案提供安全存放的足够空间

在档案库房建设中，应根据相关标准和本馆馆藏情况，确定档案库房的建筑面积，确保档案有足够的存放空间，这是档案库房的最基本的功能，是实现档案安全管理的第一步。

2．档案库房的内外环境要有利于档案的保管

从外部环境看，档案馆的选址在一定程度上决定了档案库房的外部环境，因此，档案馆应选择工程地质条件和水文地质条件较好、空气清新的地区，远离易燃易爆场所，不设在污染腐蚀性气体源的下风向。在档案馆内，档案库房与其他各类用房之间应有间隔，档案库房应集中布置，自成一区，库区内不应设置其他用房，各部门间的档案传送路线应安全顺畅。从内部环境看，档案库房的墙体、屋顶、地面等构造和材料都应有利于档案的安全保管，尽量减少水、暖、电等基础设施给档案保管带来的隐患，在建设过程中加强防盗、防水、防火、防潮、防尘、防鼠、防虫、防高温、防强光、防泄密，称之为“十防”措施，为档案保管创造良好的内部环境。

（二）档案库房的建设应经济实用、环保美观

档案库房在建设中应坚持经济实用、环保美观的原则。经济实用是指在档案库房建设中减少人为浪费，不盲从高标准，根据馆藏和本地区的实际情况，科学合理地开展档案库房建设。人类的生存环境在不断遭受越来越严重的破坏的时候，对环境的保护成为每个人、每个组织不可推卸的责任，档案库房在建设和使用中，都应减少对环境的破坏，如使用环保材料、以环保的方式进行库房建设。美观是对档案库房的一种外在要求，在确保档案库房基本功能得以发挥的基础上，在经济实用且环保的前提下，美观的档案库房设计有利于为档案保管者和档案利用者创造一种舒适、和谐的氛围，有助于工作效率的提高。综上，档案库房建设不是形象工程、面子工程，各地、各馆都应从实际情况出发，综合考虑档案库房的功能、建设需求、经济实力等基本因素，按照已有的规范标准，形成合理的建设方案。

二、档案保管的设备

在档案库房中，设备是档案保管的必要工具，是档案安全保管必不可少的保障条件。档案保管的设备主要是指具有固定资产性质的机械、器具、仪器、仪表等技术设施，主要包括温湿度调节和检测设备、防火防盗等安全装置、照明设备、档案保护和修复设备等。在工作中，应全面认识并正确使用各种设备。

（一）温湿度调节和检测设备

环境的温湿度直接影响着档案的寿命，环境的温湿度随着地域、气候、季节的不同而不同，而每一份档案的最佳保管条件对温湿度都有固定的要求，因此，需要温湿度调节设备来保证档案库房达到适宜的温湿度，并通过温湿度检测设备进行检测。常见的有空调装置、增湿机、去湿机、温度计、湿度计等。

（二）防火防盗等安全装置

火是威胁档案安全保管的重要因素之一，防火和灭火的装置主要是消防设备，根据所使用的灭火剂不同，灭火装置的自动化程度不同，消防设备可以划分为不同的种类。档案库房应根据馆藏档案的特点，选择合适的消防设备。防盗装置是为了防止库房有人非法闯入盗窃档案而安装的设备，如闭路电视监控系统。为了避免档案失窃，档案保管部门应根据不同的需要找专业厂商进行设计和安装防盗装置。

（三）照明设备

档案库房的照明与其他场所的照明要求不同，为了减少对档案破坏，档案库房的照明亮度不需太高，且光线应对档案没有伤害或伤害很小，如白炽灯或灯管表面经过防紫外线处理的日光灯。人进灯开、人走灯关的自动控制开关既节能又安全，也有助于档案的安全保管。

（四）档案保护和修复设备

此类设备主要指两类：一是为了保护档案原件，而将其迁移到其他载体过程中所需的设备，如缩微拍照设备、缩微品阅读复制设备、高速扫描仪等；二是对破损档案进行修复的必需设备，如字迹显示仪、档案修裱机、多功能冷冻干燥灭菌机等。

随着科学技术的飞速发展，档案保管设备的种类更加丰富多样，更具现代性和专业性，为档案的安全保管提供了越来越有力的保障。同时，对设备的设计和使用也更加先进和合理。例如，档案库房将各种设备和系统，通过集成化、智能化的设计和管理，形成档案库房计算机安全监管系统，对库房的温湿度进行自动调节，对火警进行自动监视，有效地保证了档案库房的安全。

三、档案装具

档案装具是指用于存放档案的各种档案架、档案柜（箱）、档案盒，以及包装档案的卷皮、卷夹等。档案装具可以直接防止光线、灰尘、有害气体对档案的危害，减少存取过程中对档案的磨损，是档案保管的基本设备。

不同的社会实践活动中产生的档案，其种类、形式多种多样，不仅载体不同，形状、大小等规格也各不相同。因此，档案装具的种类、规格、制成材料等也具有多样性，以满足不同档案的保管要求。档案柜是比较传统的档案装具，常见的有双开门档案柜、侧拉门档案柜、抽屉式档案柜等多种形式。档案架大大提高了单位面积内档案的存贮量，是档案保管中必不可少的装具，尤其是现代档案保管中常见的密集架，通过轨道将多个架列组合在一起，既高效地利用了空间，又能有效地防火、防盗、防尘。档案架按自动化程度可分为手动式、半自动式、自动式，按密集架开合的方式可分为旋转式、抽拉式、平行移动式等，档案部门可根据需求进行选择。卷式缩微品装具（如片盘、片盒、片夹等）、片式缩微品装具（如封套、平片盒等），照片与底片盒、册，影片夹，声像档案装具（防磁柜等），计算机磁盘装具（磁盘柜等），纸质档案包装的卷皮、卷盒等，都是现代档案管理中常见的档案装具。随着科学技术的不断进步，档案装具从设计到制成材料都将不断地优化，使档案的保管更加高效、便捷。

此外，在档案保管工具中，还有很多易耗低值的物品，如防霉虫药品、吸湿剂、管理性办公用品等，也为档案的安全保管提供了必要的物质支持。

第三节　档案库房管理

档案库房是档案保管的重要场所，档案库房管理是指档案工作者为了实现对档案安全保管的最终目标，采取各种手段和措施，对库房中的各种要素进行控制和协调。档案库房管理的主要内容包括档案库房的编号和排架，全宗的排列和档案上架，档案存放位置索引、档案代理卡和全宗卷的编制，库房的环境管理等。

一、档案库房的编号和排架

（一）档案库房的编号

档案库房较多为档案馆或档案室，需要对档案库房进行编号，编号的目的在于赋予每一个档案库房一个固定的编码，建筑物和号码一一对应，便于管理。档案库房的编号一般由数字、代码、字符等构成，每个档案馆（室）的建筑不同，档案库房编号应结合本单位建筑物的构成特点，以唯一性、稳定性、易识别、易使用为原则对本单位的档案库房进行编号。档案库房的编号一般由建筑物号、层号、房间号等要素构成，可根据库房的多少和位置将各要素进行组合编制。

（二）档案库房内的排架

档案库房内的排架是指对档案库房内的档案架（柜）、箱等按一定的顺序排放，并编号以固化其排放位置。档案库房内的排架基本原则是，有利于档案的保管和利用，有利于空间利用，美观有序。

在档案库房排架中，有窗库房中，档案架（柜）排列应与窗户垂直，以避免强光直射档案；无窗库房中，档案架（柜）排列纵横均可，但不得有碍通风。档案架（柜）的排列应最大限度地利用库房的地面与空间，但也要便于档案的搬运与存放，架（柜）之间的主要过道宽度应以便于档案小型搬运工具（如手推车）的通行为宜，一般为1～1.2米。不同规格、不同样式的档案架（柜）应该分别排放。所有的档案架（柜）的排放均不得紧靠墙壁。等档案架（柜）排放好后，应进行统一编号，编号方法为：自门口起，从左至右编架（柜）号，每个架（柜）子的栏也从左向右编号，每栏的格自上而下编号（如果没有栏，则自上而下编格号）。

二、全宗的排列和档案上架

在我国，档案馆（室）所保存的档案，都是按全宗进行整理和保管的，因此，档案在档案库房中的存放，也应按全宗来排列，库房内的各个全宗，应进行系统的排列。全宗的排列方法，主要有按全宗顺序号流水排列法和全宗分类排列法两种。按全宗顺序号流水排列法对库房空间和全宗实体的安排比较方便；全宗分类排列法对全宗的系统管理和全宗内档案的信息管理较为方便。全宗内的档案按整理中既定的分类体系和案卷的顺序号进行排列，以保持案卷之间的联系。

对于某些特殊情况，如库房或柜架预留的空位已被排满，新入馆的档案不能与先入馆的同一全宗的档案放在一起的时候，可以暂时分开保存，待有可能调整时，再将同一全宗的档案集中起来，或者有计划地分阶段分库排列保存。有些全宗内还会包括一些不同载体类型的档案，如照片、录音、录像等，需分别保管，但在全宗指南、案卷目录说明等中应有所交代，并在全宗末尾放置参数卡片，指明存放地点，以使之保持应有的联系。

确定了全宗和案卷的排放次序后，就可以组织上架，上架的次序应根据档案架（柜）及其栏、格等的编号次序进行。

档案的存放方式一般有两种：一是竖放，一是平放。竖放的优点是便于存放和检取档案，是被广泛采用的一种档案存放方式。平放的方式虽然不便于档案的取放，但有利于档案的保护，这种方式适合于保管珍贵档案和不易于竖放的档案。平放档案时，为了避免文件承担过重的压力，堆叠的高度以不超过40厘米为宜。

三、档案存放位置索引、档案代理卡和全宗卷的编制

（一）档案存放位置索引的编制

档案存放位置索引，是为了便于档案保管工作者随时掌握档案馆（室）档案的存放情况和快速存取档案，将排放好的档案与其所处的位置一一对应而形成的索引。根据作用的不同侧重，档案存放位置索引可以分为两种。

上述两种索引，按形式又可分为簿籍式和卡片式两种，其中第二种（即指明各档案库房保存档案的情况的索引）还可以采用图表式，即把每个库房（或每楼、层、房间）内档案存放的实际情况绘制成示意图，也可绘制成大型的图表，挂贴在醒目位置，便于档案管理和调阅。档案存放位置索引的详略程度和表格中的项目，可根据档案馆（室）的规模和查找档案的频繁程度等具体情况来决定。

（二）档案代理卡的编制

在档案管理过程和档案提供利用中，有时需要将档案库房中已经上架排放好的档案暂时移出档案库。为了便于库房管理，便于档案保管者及时准确地掌握档案的流动情况和安全检查，会填制一种卡片放在档案原来的存放位置上，人们将这种卡片称为代理卡或代卷卡、代件卡。该卡片直观、准确、简明地反映了档案流向。卡片的内容主要包括全宗号、案卷目录号、卷（件）号、移出日期、移往何处、收入归还日期、签收人等，其常常被设计为红色、黄色、绿色等醒目颜色以示区别和辨认。档案代理卡是一种简便实用的管理工具，当档案调用之时，应及时准确填写、放置代理卡，避免出现能从检索工具中查到，而在架上却取不到档案的情况。当档案归还之时，应及时将档案放回原位并在代理卡上做相关记录。

（三）全宗卷的编制

全宗卷是档案馆（室）在管理某一全宗过程中形成的，能够说明该全宗历史情况的有关文件材料所组成的专门案卷。档案馆（室）应对其所管的全宗编制全宗卷，以反映全宗管理的历史面貌，从而便于档案的

保管和利用。

全宗卷的主要内容包括以下几个方面：

第一，在档案收集方面，包括档案交接文据、移交目录，接收、征集记录，档案来源和价值说明等。

第二，在档案整理方面，包括整理工作方案、分类方案、案卷目录说明、整理工作小结等。

第三，在档案鉴定方面，包括鉴定小组成员名单、档案保管期限表、鉴定档案分析报告、销毁档案的请示与批复、销毁档案的清册等。

第四，在档案保管方面，包括档案安全检查记录、报告，重点档案采取的特殊保护措施，档案的抢救与修复情况报告等。

第五，在档案统计方面，包括档案收进、移出登记，案卷基本情况统计和重要的利用统计表等。

第六，在档案利用方面，包括全宗指南（全宗介绍），开放利用和控制使用范围说明，档案汇编和公布出版情况及报批文件，档案产生社会效益或经济效益的典型事例等。

第七，在档案管理新技术的应用方面，包括缩微复制和计算机辅助管理等情况的文字说明材料。

综上所述，全宗卷是档案馆（室）管理全宗的一种工具，它记录和反映了全宗内档案的管理过程，对该全宗的后续管理具有宝贵的凭证作用和参考作用，也是档案保管人员快速、全面掌握全宗情况不可缺少的重要依据。

四、库房的环境管理

库房的环境管理是档案库房管理的重要内容，主要包括形成并维护库房中适宜档案保管的环境。在库房的环境管理中，应注意以下几个方面：

（一）对库房温湿度的控制

库房内的温湿度直接影响着档案的寿命，适宜的温湿度有利于档案的保存，档案库房的温度范围应为 14℃～24℃，相对湿度范围应为

45%～60%，在选定温湿度后，每昼夜波动要求温度不得大于2℃，湿度不得大于5%。调控库房温湿度的方法有很多，如密闭、通风。事实证明，增温、降温、增湿、降湿相结合是调控库房温湿度行之有效的方法。

（二）定期和不定期的库房检查

检查是对档案库房管理工作的检验和总结，通过定期和不定期对库房和库房中的档案进行检查，有助于发现和及时纠正库房管理中的问题，有助于全面准确地了解档案的安全状况，有助于制定更加科学完善的档案保管制度。在检查过程中，应该实事求是，全面检查和重点检查相结合，真实准确地记录检查过程和检查结果，并将其反馈给相关人员。

第四节　档案保管制度

档案保管制度是指在档案保管过程中，要求相关人员共同遵守的、按一定程序办事的规程或行动准则。档案保管制度是约束和规范档案工作人员在档案保管中的思想行为的标准和规范，同时在一定程度上对档案利用者利用档案的行为也提出了一定的规范和要求，这一制度的根本目的在于确保工作的正常地运转和高效地开展。完善的档案保管制度有利于防止和减少档案的损毁，延长档案的寿命；有利于建立确保档案安全保密的档案保管体系，维护档案的完整与安全。

一、档案保管制度的原则

（一）档案保管制度的制定应合法合理

档案保管制度的内容应遵循我国档案保管制度的基本要求，遵守我国档案管理相关的法律法规和政策，如《中华人民共和国档案法》和《中华人民共和国档案法实施办法》中关于档案保管的相关条款，档案馆（室）的档案保管制度应与这些条款的要求相一致。

（二）档案保管制度应具有可操作性

档案保管制度不是宏观的、抽象的，应是切实可行的、便于贯彻落实的。因此，档案保管制度的制定过程，应结合本馆（室）的实际情况，如馆藏情况、软硬件条件、人力、财力、物力等，对档案保管提出明确的规定和具体的要求，使得档案保管工作的开展有章可循、有据可依。

（三）档案保管制度应具有稳定性

档案保管工作是一项长期的、持续的工作，因此，档案保管制度应具有稳定性和连续性，在制定之前做全面深入的调研，避免朝令夕改。然而，社会实践活动的变化不可避免地会给档案工作带来一系列的变化，档案保管工作也需适时调整，以适应不断变化的新情况。例如，面对越来越多的电子文件，应将其及时纳入档案保管制度，制定切实可行的措施，以确保电子文件的真实、完整、可读可用。

二、档案保管制度的内容

档案保管制度的内容是由档案保管工作的内容和任务决定的，一般表现为以下几个方面：

（一）说明档案保管制度制定的目的和依据

一般来说，档案保管制度是为了维护档案的完整与安全、规范档案保管工作的行为而制定的，它是在结合本馆（室）实际情况的基础上，将法律法规、政策等对档案保管工作的要求具体化的结果。明确档案保管制度制定的目的和依据，便于相关人员在工作中对制度的理解并遵照执行。

（二）关于档案库房管理的各项规定

具体包括档案库房的环境，如对库房温湿度的要求，档案进出库房的流程标准，全宗的排放和档案的上架等。将各项规定以制度化的形式固定下来，能有效地保证档案保管工作的顺利开展。

（三）关于档案保密的规定

档案的保管工作不仅要确保档案实体的安全，也要保证档案信息的安全，档案保管制度应规定如何确保档案信息不被泄露。例如，规定在查阅利用档案中，设立用户访问权限，限制其对档案的访问和操作，并强化身份验证。

（四）对于不同类型档案的有针对性保管措施

如对于馆（室）藏的极其珍贵的档案，应该使之区别于一般档案，设立更为完善的保管规定。为确保国家档案安全，各级国家档案馆要通过建立异地备份库等形式，对本级重要档案及电子文件实行异地备份，对重要的电子文件还要实行异质备份，确保电子文件的长期可读，确保档案信息资源的绝对安全。

（五）明确档案保管工作人员的职权和责任

为了确保档案保管工作的顺利开展，在档案保管制度中，应明确赋予档案保管工作人员相应的职权，为其完成工作任务提供支持和保障。同时，制度也应对保管工作人员提出确定的要求，明确规定保管工作人员的责任。

第四章　档案检索、利用与编研

第一节　档案检索工作

检索是档案管理的一个重要环节，是档案提供利用前期的直接准备工作，档案信息能否得到及时、充分地开发和提供利用，在很大程度上取决于检索工作。

一、档案检索

档案检索是对档案信息进行系统存储和根据需要进行查找的工作。存储是指将档案中具有检索意义的特征标识出来，编制检索工具形成档案数据库的过程；查找是指利用检索工具或数据库搜索利用者所需档案的过程。这两部分是密切联系、不可分割的。存储是查找的前提和基础，查找是存储的目的和宗旨。档案检索主要包括两方面内容：著录标引及编制检索工具。

二、档案检索的作用

（一）桥梁作用

档案的数量随着时间的推移而日益庞大，内容也日益繁杂，涉及社会实践活动的各个方面，对于利用者来说犹如档案之海，如果不借助科学的方法和手段，便无法从中获取所需的档案。档案检索工具在档案和利用者的特定需要之间架设了一道“桥梁”，沟通了二者的借需关系，利用者借助检索工具便可以较为迅速准确地获取所需档案。

（二）交流作用

档案检索工具中存储了大量的档案信息，它不仅可以提供查询，还可以成为档案馆（室）与利用者、档案馆（室）之间的交流工具。利用者借助它可以了解档案的分布、内容、价值等信息，档案馆（室）借助它可以互相了解馆藏情况、互通有无，提高服务质量。

（三）管理作用

档案检索工具记录了档案的主要内容和形式特征，集中、浓缩地揭示了馆藏情况，档案工作人员可以通过检索工具概要了解馆藏档案的内容、形式、数量等情况，为档案管理业务活动提供一定的依据，尤其是馆藏性检索工具反映档案实体顺序，在库房管理、档案数量统计等管理活动中直接发挥作用。各种检索工具还是档案工作人员查找档案、提供咨询、开展档案编研工作的必要手段。

三、档案著录

（一）档案著录的含义

档案著录是档案馆（室）编制检索工具时对档案的内容和外部特征进行分析、选择和记录的过程。档案的内容特征是指从档案正文（内容）中获取的信息与特征，如内容提要、分类号、主题词等。档案的外部特征是指从档案正文以外直接获取的信息与特征，如责任者、文件字号、文件日期、密级、档号等。

（二）档案著录的主要内容

1. 著录项目

著录项目是指用以揭示档案内容和形式特征的记录事项。档案著录项目有以下内容：

第一，题名与责任说明项，包括正题名、并列题名、副题名及说明题名文字、文件编号、责任者、附件 6 个单元。

第二，稿本与文种项，包括稿本、文种 2 个单元。

第三，密级与保管期限项，包括密级、保管期限 2 个单元。

第四，时间项。

第五，载体类型及形态项，包括载体类型、数量及单位、规格 3 个单元。

第六，附注项与提要项，包括附注与提要 2 个单元。

第七，排检与编号项，包括分类号、档案馆代号、档号、缩微号、电子文档号、主题词或关键词 6 个单元。

2. 标识符号

标识符号是表示不同著录项目和著录含义的标志。为识别各著录项目、单元（小项）及其内容，应添加如下规定的标识符。

“－”置于稿本与文种项、密级与保管期限项、时间项、载体形态项、附注项之前。

“＝”置于并列提名之前。

“:”置于副题名及说明题名文字、文件编号、文种、保管期限、数量及单位、规格之前。

“/”置于第一责任者之前。

“;”置于多个文件编号之间、多个责任者之间。

“,”置于相同职责、身份省略时的责任者之间。

“＋”置于每一个附件之前。

“[] ”置于下列著录内容的两端：自拟著录内容、文件编号中的年度。

“() ”置于下列著录内容的两端：责任者所属机构名称、责任者真实姓名、责任者职责或身份、外国责任者国别及姓名原文、中国责任者时代、历史档案中的朝代纪年、农历、地支代月、韵目代日转换后的公元纪年。

“?”用于不能确定的著录内容，一般与“ [] ”号配合使用。

“—”用于下列著录内容之间：日期起止、档号、电子文档号、缩微号各层次之间。

“……”用于节略内容。

“□”用于每一个残缺文字和未考证出时间的每一个数字。未考证出的责任者及难以计数的残缺文字用3个“□”号。

3. 著录项目注意事项

（1）题名与责任说明

题名项包括正题名、并列题名、副题名及说明题名的文字。

若单份文件没有题名的，著录者可自拟题名，并加“[]”号括住；若单份文件题名太冗长，可只保留原重要信息，也可以在原意的基础上进行删节，节略内容用“……”表示；若案卷题名不能揭示案卷内容或过长，应重新拟写。

并列题名。并列题名是指用第二种或两种以上的语言文字书写的与正题名对照并列的题名，著录时按原文照录，前面加“＝”号。

副题名及说明题名的文字。副题名是解释或从属于正题名的另一题名，一般照原文著录，前面加“:”号。

题名前后对档案的内容、范围、时间、用途等进行说明的文字都叫说明题名的文字。必要时照原文著录，前面加“:”号。

（2）文件编号

文件编号包括发文字号、科研实验报告流水号、标准规范类文件的统编号、图号等，著录时按原文照录，前面加“:”号。

（3）责任者

有多个责任者时，著录第一责任者（位于首位的），前面加“;”，若同时著录其他责任者，中间用“;”号隔开。

机关团体责任者必须著录全称或通用简称，不得著录“本省”“本局”等。历代政权机关团体责任者，其前应冠以朝代或政权名称，并加“（）”号。

个人责任者一般只著录原文姓名，必要时可在姓名前加上时代、国别，在姓名后加上职务、真实姓名或译名原文。并加“（）”号。

（4）附件

附件是正文后的附加材料，著录时只著录题名，其前加“＋”号。若正文后有多个附件则应逐一著录，且每个附件题名前都要加“+”号。

（5）稿本与文种

稿本包括正本、副本、蓝图、草图、底图、草稿、定稿、手稿、原版、修订本、影印本等，著录时依实际情况照录，前面加“—”号。

文种依实际情况著录，包括命令、决定、指示、报告、通知、请示、批复、函、会议纪要、说明书、协议书、鉴定书、判决书等，前面加“:”号。

（6）密级与保管期限

密级一般按文件形式当时所定密级著录，对已升、降、解密的应著录新的密级，前面加“—”号。

四、标引档案

标引档案的步骤主要包括主题分析和概念转换两个方面，是指通过对档案内容进行分析，明确档案中所包含的主题内容，然后用检索语言将其准确、简明地表达出来。

（一）主题分析

为了正确进行主题分析，需要对主题的类型及其构成因素有一个大体的了解。主题的类型依据档案的内容可分为单主题和多主题。单主题是指一件（卷）档案只表示一个问题。多主题又称并列主题，是指一件（卷）档案表述两个以上的问题。

档案主题是通过对其内容特征和外形特征的分析得到的，内容特征是根本依据，外形特征是其参考和辅助依据。进行主题分析一般可采取以下方法：

第一，阅读和理解题名。大部分文件或案卷涉及的主题比较单一、明确，不像图书或某些文献那样内容多样；而且文件或案卷题名具有特定的结构和语义要求，不能像图书题名那样含蓄、多义、转义。

第二，阅读文摘、简介、前言、领导批语等，从中发现题名中未予表达的主题内容。

第三，浏览正文，了解文件的大致内容。这对于全面揭示文件主题，特别是揭示隐含的主题概念有重要意义。

第四，查阅文件的外表特征，包括责任者、时间、载体、密级等，有助于明确文件的形成背景、作用范围等，对确定文件主题也有一定意义。

（二）概念转换

在确定了文件的主题概念之后，应将其转换为检索语言标出，这一过程为概念转化的过程，也就是给出检索标识的过程。概念转换是档案标引结果的体现，如果在转换中发生误差，可能造成误检或漏检，从而影响检索效率。因此，也需要审核标引结果。

分类标引概念转换的基本做法是：根据主题分析的结果，查找档案分类表，将相应类目的分类号作为检索标识赋予被标引的档案文件。

主题概念转换的基本做法是：根据主题分析的结果查找主题词表，将相应的主题词作为检索标识赋予被标引的档案文件。

审核工作是对标引结果的审查。审核是档案主题标引工作不可缺少的步骤，是保证标引质量的重要措施。审查的内容主要是：检查核对档案主题确定是否正确，所选定的主题词和分类号是否确切表达了主题，这些主题词和分类号的选定是否符合标引规则和组配规则，著录有无错误等。对审核中发现的问题要进行记录，以便更改，同时也便于总结交流、积累经验。标引审核工作要选派精通业务的人员担任，也可由标引人员互审。

五、常用档案检索工具介绍

（一）档案检索工具的含义

档案检索工具是记录、报道、查找档案材料的工具。记录是指登录档案的外形和内容特征。报道是指介绍本馆（室）保存有什么样的档案材料能供利用者选择和使用。查找是指根据著录项目提供的检索途径，把利用者所需的档案材料迅速、准确地提供出来。

（二）档案检索工具的种类

由于档案的内容和外形特征很多，人们利用档案的目的和要求各不相同，单靠一两种检索工具很难全面揭示出档案的内容和成分，也难以满足利用者的不同层次和不同角度的需要，所以在长期的档案检索实践中，便形成了具有不同内容和形式的检索工具，根据不同的分类标准，可以将档案检索工具划分成不同的种类。

（三）常用的档案检索工具

上述档案检索工具中，人们经常利用的主要有归档文件目录、案卷目录、全引目录、主题目录、分类目录、专题目录、文号索引、全宗指南等。

1. 归档文件目录

归档文件目录是以文件为单位，系统登录归档文件的题名及其他特征并固定其排列顺序的检索工具。归档文件目录登录的内容一般包括：件号、责任者、文号、题名、日期、页数、备注等项目。归档文件目录能够固定文件在归档文件盒中的具体位置，巩固档案实时系统整理的成果，而且能够反映归档文件的基本情况，是检索具体档案文件的重要工具。

2. 案卷目录

案卷目录是在档案实体整理过程中，对案卷进行排列与编号以后，将案卷号、案卷题名及其他特征进行系统登记的检索工具。案卷目录的基本项目包括：案卷号、案卷标题、案卷起止日期、页数、保管期限和备注等。案卷目录的主要作用是：固定全宗内档案分类体系和案卷排列次序，反映和巩固档案整理工作成果；揭示全宗内档案内容成分，是查找利用档案的基本检索工具。

3. 全引目录

全引目录也称“卷内文件目录汇编（集）”，是将全宗或全宗内的某一部分案卷目录和卷内文件目录合二为一，汇编而成的一种目录。它是一种在案卷目录基础上发展起来的文件级检索工具，完全利用原案卷目录和卷内文件目录，将二者按一定次序编排而成。其结构主要为封面和全引目录表两部分，封面上应包括档号、案卷起止时间、立档单位、全引目录名称。全引目录表应包括保管期限、案卷号、序号、责任者、文号、题名等。

4. 主题目录

主题目录是以若干能表达案卷或文件中心内容的主题词作为检索标识，将档案著录成卡片条目，按主题词字的顺序排列组织而成。主题词是经过优选和规范化处理，能表达各种概念的词或词组。

5. 分类目录

分类目录打破全宗及其原有整理系统，按照档案内容性质，采用等级体系的分类法组织而成，通常依据统一制定的检索分类大纲进行分类排列。这种目录在揭示文件或案卷的内容和形式特征方面，具有分类系统、问题集中的特点，是沟通利用者与储存系统的基本媒介，是档案馆（室）起主导作用的检索工具。编制方法为：以文件级或案卷级为单位著录成卡片条目，再按类别及分类号的顺序分别集中和排列，形成大类、类、项、目、细目的层次分明的线性系统，其格式一般以《档案著录规则》的规定为准。

6. 专题目录

专题目录是指超越年度、全宗的界限，按照一定题目，将涉及同一专题的档案著录成卡片条目，集中组合而成的检索工具。其针对性强，便于迅速查找专门需求的档案材料。编制程序大致为：选题、选材、制卡，按问题、部门、时间、地域或其他特征设置类别体系，各类和类内再依照一定顺序系统排列。为了便于日后的查考利用，专题目录的编制应以小的类别为基础。

7. 文号目录

文号目录是按年、作者、文号编制的检索工具。按文号查找文件，只要利用者提出文号，就可以迅速检索文件。文号目录的编制方法比较简单，是比较适用的一种检索工具。文号目录的著录项目有：作者、文号、文件形成时间、文件标题、档号等。

8. 全宗指南

全宗指南是指对一个全宗的档案的形成历史、内容范围、成分、数量等各个方面以叙述方式所做的全面介绍。全宗指南由立档单位和全宗历史概况、全宗内档案内容和成分介绍、辅助工具三部分组成。

第一，立档单位和全宗历史概况主要介绍：立档单位和全宗的形成时间、经过、名称、性质、演变情况；全宗内档案的来源、数量、所属年度、进馆时间、分类、完整程度、整理鉴定和被利用情况等。

第二，全宗内档案内容和成分主要介绍：档案来源（责任者）、内容、形式（种类、制成材料等）、形成时间、可靠程度、查考价值等，这是全宗指南的主体部分。

第三，辅助工具包括：目次、机关简称表、人名索引、地名索引等。

六、检索档案

档案利用者查找档案材料，总是根据各自的具体情况，从不同角度提出要求，有的从外形特征，有的从内容特征。所谓外形特征，是指文件或案卷上记载的显而易见的标识和特点，如责任者（作者）、发文字号、收文机关、形成时间、密级、保管期限、档号等项目。所谓内容特征，是指文件或案卷所叙述的内容、涉及的事物等属于什么主题。除上述重要检索途径外，还有一些其他辅助查找途径，比较常见的有字序、音序、时序和地序。

（一）分析利用需求，明确检索范围

在进行档案检索之前，首先对利用者提出的问题，进行分析研究，弄清其查找意图和要求。只有把档案利用者来馆（室）查档的目的和所提问题的实质、内容、重点、深度、广度以及涉及的时间、地点、人物都搞清楚了，才能明确检索档案的范围是某个全宗、某一年度、某一方面的文件，还是检索馆（室）有关某一专题的全部档案。这样就可以投入较少的时间精力，取得事半功倍的检索效果。如果分析研究未搞好，盲目检索，势必费时费力，事倍功半，既影响了利用者的需要，又影响了档案馆（室）的声誉和档案作用的发挥。

（二）确定检索途径，选择检索工具

检索档案材料，总是要根据档案的外形或内容特征所提供的各个不

同途径来查找。究竟采用何种途径，是只选择一个途径还是同时采用几个途径，应视检索的具体情况而定。明确了检索范围和检索途径后，可以确定选用何种检索工具。一般说来，应根据检索工具的特点和用途及档案利用者的查找需求，尽可能选用适用、高效的检索工具。为了正确选择检索工具，档案管理人员应当熟悉本馆（室）的各种检索工具，因为档案检索效率在很大程度上取决于档案管理人员对档案检索工具的熟练程度。

（三）把握检索方法，提供档案材料

进行档案检索时可采用的方法很多，主要有直观法、联想法、顺查法、倒查法、追溯法及分段法等。究竟采用什么方法，应根据检索要求的具体情况而定，并且可将多种检索方法结合运用。

为了进一步做好档案检索工作，档案馆（室）应重视检索情况与检索效果的登记。记录档案利用者查阅档案的目的和要求，统计档案利用服务的查全、查准、漏检、误检、拒借的情况，收集所查档案对工作、生产、科学研究的作用和效益，积累检索服务信息，利用登记内容对检索工作进行总结研究，使检索工作的开展有的放矢。

第二节　档案利用分析

一、档案利用工作的作用

档案利用就是以馆（室）藏档案信息资源为基础，通过一定方式、方法直接提供档案为使用者服务的一项档案业务工作。档案利用的基本内容就是介绍或报道馆（室）藏档案的内容和成分，通过各种方式、方法为档案利用者提供档案信息，为其提供咨询服务。

档案利用承担着档案工作的内外关系，在档案工作中占有突出地位，是档案工作的中心任务，是实现档案工作为社会服务的直接手段。开展档案利用对档案工作的发展具有重大意义。

二、档案信息需求类型

档案使用者对档案信息需求是指档案利用者对档案信息内容、数量、质量和形式的需要和具体要求。档案利用者对档案信息需求千差万别，依据不同的标准可将其需求划分为不同的类型。

（一）按档案信息的内容、性质划分

根据档案信息内容、性质的不同，使用者的档案信息需求可分为查证性需求、资料性需求和情报性需求。查证性需求是指使用者为核对某一事实、证实某一规定而对档案信息的需求；资料性需求是指利用者在学习、工作、科研中将档案作为参考资料的需求；情报性需求是指利用者希望通过档案信息来确定某种信息，预测某事态的发展，了解真实情况的需求。

（二）按档案利用者所需档案信息的目的划分

按目的划分，利用者的档案信息需求可划分为现实需求、学术需求和文化需求。现实需求是指利用者为解决工作、生活中的具体现实问题而产生的档案信息需求，其特点是：需求的专指性强，目的明确，范围集中，具有紧迫感；学术需求是指利用者为解决学术研究而对档案信息所产生的需求，其特点是：要求档案信息服务具有系统性和全面性；文化需求是指利用者为增长知识、接受教育或文化休闲而产生的需求，其特点是：需求极少主动萌生，满足需求具有间接性。

（三）按档案利用者需求对档案信息的依赖程度划分

按档案利用者需求对档案信息的依赖程度划分，利用者的档案信息需求可划分为硬性需求和弹性需求。硬性需求是指利用者必需的、非用档案不可的需求；弹性需求是指利用者对档案信息可有可无的需求。

（四）按档案利用者所需档案信息的隐显程度划分

按档案利用者所需档案信息的隐显程度不同划分，利用者的档案信息需求可分为实际的需求、认识到的需求和表达出的需求。实际的需求是指由利用者的工作、环境、知识和目的等客观需要所决定的档案信息

需求，是档案利用者为达到某一目的所需的有意识的需求和无意识的需求；认识到的需求是指档案利用者自己认识到的档案信息需求和被外界激发而认识到的档案信息需求，但不包括未被档案利用者认识和发现的档案信息需求，认识到的需求与实际需求可能相吻合，也可能不相吻合；表达出的需求是指档案利用者通过口头或书面形式表达出来的档案信息需求，表达出的档案信息需求可能与认识到的档案信息需求相一致，也可能大于、小于，不等于认识到的档案信息需求，甚至与认识到的档案信息需求无关。

（五）按档案利用者所需档案信息持续时间的长短划分

按档案利用者所需档案信息持续时间的长短不同划分，利用者的档案信息需求可划分为长期需求、短期需求和瞬时需求。长期需求是指档案利用者在较长时间段内（持续 1 年以上）对某些档案信息的持续性的需求；短期需求是指利用者在较短时间段内（1 年以内）对某些档案信息的需求；瞬时需求是指瞬时即逝的档案信息需求，这类需求产生快、消失也快。

三、档案利用的方式和途径

档案馆（室）开展档案利用的方式和途径很多，这里选择其中比较重要的进行介绍，总的来说有如下几种：

（一）按提供档案材料的形式划分

1. 以档案原件的形式提供利用

这种类型的特点是提供的档案材料是最原始、最可靠的档案原件，是一次文献。由于原件一般是孤本，因此，一般只有现场查阅时提供，如遇特殊情况需外借时，必须办理相应的档案外借手续。有时，档案馆（室）在档案展览中展出档案原件。

2. 以档案复制品（件）的形式提供利用

这种类型的特点是提供的档案材料是档案原件的复制本，虽然原始性、可靠性不如原件，但也是未经加工的一种文献。例如，制作各种形式的档案复制本代替原件在馆（室）内阅览，暂时借出馆（室）外利用，举办档案展览，以及编辑、出版档案文件汇集及在报刊上公布档案等。

3. 以综合档案内容编写书面材料的形式提供利用

这种类型的特点是提供的档案材料是经过加工的档案信息，已经改变了档案的原形原貌，是三次文献或多次文献。例如，编写的各种档案参考资料，制发档案证明，函复查询外调，依据档案材料撰写专门文章和著作等。

（二）按档案利用的方式划分

1. 阅览室阅览

组织接待档案利用者在阅览室内阅览档案是档案馆（室）开展档案提供利用工作的主要方式之一。因为档案是人类社会活动的直接历史记录，在份数上多为单份、孤本，而且有的档案内容往往具有一定的机密性，这就决定了档案提供利用主要采用在馆（室）阅览档案的方式。在阅览室查阅档案有专门的设施，有专人监护和咨询，既便于档案的保护和保密，又能为利用者提供较好的阅览条件。同时提高档案的周转率和利用率，充分发挥档案的作用，便于掌握利用工作的情况从而改进工作，提高利用工作水平。

阅览室应配置服务设施、公用的检索工具和参考资料等；同时应制定档案保护和保密等阅览制度，作为服务人员和利用者共同遵守的行为规则。

2. 外借

档案一般是不借出档案馆（室）使用的，但在个别情况下，也可暂时借出馆（室）外使用，尤其是在机关内部，这种情况比档案馆相对多些。但是，对于特别珍贵的档案文件，残破、脆化等易损常规文件，古稀文本，以及照片、影片、录音带、录像带等原件，不能借出馆外。

档案外借使用要有严格的制度，经过一定的批准手续才能外借。借出时间不宜过长，借出数量应控制。借用单位应对所借档案的安全和保密负完全责任。借出档案要保证按时完整地收回。收回时，要对案卷的数量和卷内文件情况进行细致地检查。

3. 制发复制本

根据档案原件制发各种档案复制本提供利用，已成为档案馆（室）提供利用的一种越来越普遍的方式。档案复制本可根据利用单位的不同需要，分为副本和摘录两种：副本，反映档案原件的所有组成部分；摘录，只选取文件的某些部分。

制发档案复制本提供利用具有许多优点：一方面，利用者不到档案馆（室）即可获得所需要的档案材料，这既能方便用户，又能为广泛利用档案创造物质条件，也能在同一时间内满足较多利用者的需要，使档案更充分地发挥作用；另一方面，提供利用档案复制本，有利于档案的流传和档案原件的保护。

档案复制本必须和档案原件仔细校对，并注明档案馆（室）名称，档案原件编号，必要时加盖公章，以示对复制件的负责。

4. 档案展览

档案展览是根据某种需要，按照一定的主题，系统陈列档案材料，展示和介绍有关档案的内容和成分的一种提供利用方式。

（1）档案展览的特点和作用

档案展览本身就是提供档案信息的现场，利用者可以从中得到较为集中和系统的材料，甚至发现难以找到的珍贵材料和线索；能在一定范围内组织较多观众参观，服务面比较广；经过选择和组织展出的典型材料，能以档案的原始性、真实性和鲜明性见长，起到主动、深刻地宣传教育的作用。

（2）档案展览的组织工作

举办档案展览是一项思想性较强的极其严肃的工作，又是一项具有科学性、艺术性的工作，必须认真细致地予以精心组织。首先，应明确举办档案展览的目的，拟定展出档案的内容和范围，并报请有关领导批准；其次，围绕档案展览的主题，精心查找和挑选展出档案材料；再次，进行细致的档案展出设计，对展出档案材料按专题、时间等进行分类排列，编写前言、各部分的标题、提要和介绍等；最后，做好档案展出的保护和保密工作。

5. 制发档案证明

档案证明是档案馆（室）根据机关、团体、企业、事业单位或者公民个人的询问和申请，为证实某种事实在本馆（室）保存的档案内有无记载或如何记载而摘抄的书面证明材料。这也是档案馆（室）为机关、社会各界和人民群众证实某种问题和事实的一种利用服务方式。

6. 档案咨询

档案咨询是档案馆（室）以档案为根据，通过个别解答问题的方式，向利用者提供档案、档案专业知识和档案检索途径，直接为利用者服务的一种提供利用方式。

四、开放档案的含义及意义

（一）开放档案的含义

开放档案，就是将一般可以公开的和保密期已满的档案解除“封闭”，向社会开放，只要履行一定的手续即可通过一定方式进行利用。凡中华人民共和国公民或组织，持有介绍信或者工作证、身份证等合法证明，办理借阅、登记手续，均可利用开放档案，可以到档案馆阅览、摘录和复制档案。

（二）开放档案的意义

1. 开放档案有利于开发信息资源，服务现代化建设

《档案法》规定了开放档案，就意味着国家承担了向社会开放档案的义务，公民取得了查阅和利用档案的权利。公民依法利用开放的档案，这是广大人民群众能够享受宪法所赋予的民主权利的一种体现，是我国社会文明的一大进步，也是民主化的一种表现。

2. 开放档案是实现档案馆由封闭型、半封闭型向开放型战略转移的重大措施

多年来由于种种原因，档案馆始终处于封闭、半封闭的状态，社会多数成员极少问津。档案的开放，扩大了利用档案的领域，为科学研究和各项工作的需要创造了条件。

3. 开放档案对档案馆工作的开展将产生巨大而深远的影响

开放档案既是思想观念的革新，又是工作上的一次改革，使档案馆工作从过去侧重搞档案的收集、整理等基础工作逐步转移到重点开展对档案内容的研究和利用上来，使档案馆由过去一度单纯收藏档案的场所转变为传播知识、输出档案信息的基地。

4. 开放档案对促进历史研究及维护历史真实面貌将发挥重大作用

系统公布和出版档案史料、利用档案编写参考资料和编史修志，为广大利用者利用档案史料提供了方便的条件，也促进了历史科学的研究，为祖国保存世代流传的档案史料、维护历史的真实面貌等都将做出积极的贡献。

（三）开放档案的要求与措施

1. 要解放思想，正确认识和处理开放与保密的关系

开放档案是一项新事物，人们对它有一个逐步认识、不断深化和不断提高的过程。为此，我们仍要继续解放思想，克服一切有碍于开放档案的思想阻力和障碍。同时，开放档案也并非不受任何限制，只有有利于社会、外交、科技和公民等方面利益的档案才能开放。

2. 建立、健全必要的开放档案的规章制度

要对以往不利于开放档案的规章制度加以修改、调整，制定新的开放档案的办法和健全的制度，研究和确定具体的开放和控制范围，审查和调整某些档案的密级，进行必要的解密，编出开放档案目录，建立档案工作人员服务规则、职业道德规范等。

3. 要积极扎实地做好基础工作，为开放档案创造条件

要继续大力丰富馆藏，扩大收集范围，改善馆藏结构；加强整理工作，使馆藏档案更加条理化、系统化；搞好档案的日常保管工作；同时，要大力加强档案的复制工作，以复制件代替原件提供利用；加强档案检索体系的建设，公开档案检索工具，便于利用者查询档案。

4. 加强档案的编研工作，方便广大利用者

加强档案编研工作，汇编各种档案史料，公布档案，编写各种档案

参考资料，能使利用者不到档案馆就能获得自己所需要的档案信息，利用方便、节省时间、提高效率，同时也可减轻档案馆的压力，有利于提高档案利用服务的质量并保护档案原件，提高档案利用服务的社会效益和经济效益。

五、提供档案利用

（一）明确档案利用者的档案信息需求

只有明确利用者的档案信息需求，才能有针对性地为利用者提供服务，达到最佳的服务效果。当档案信息需求不明确时，档案工作人员可以向档案利用者提供有效的档案检索工具、档案编研资料进行引导。

（二）确定档案利用者对档案材料利用的形式与方法

一般档案文件的利用，档案利用者可在档案馆（室）开辟的阅览室内查阅原件，也可根据需要向其提供复印件或出具证明。档案工作人员在提供档案利用时应正确把握档案利用与档案保密之间的关系，做好档案开放的工作。对于机密性较强的档案，利用者一般只能在档案阅览室查阅，不能外借或复印。为保护档案原件，档案资料一般不予外借，但在特殊情况下，经过批准，利用者可将档案原件暂时借出馆（室）外利用。

（三）提供所需档案资料

档案工作人员根据档案利用者的需求，全面、及时、准确、有效地为利用者提供所需资料，即使不能满足利用者的需求，也要做好解释工作或帮助其联系其他部门。对于一般性的咨询，档案工作者应热情地依照相关档案材料给予答复。

（四）进行档案利用情况登记

档案馆（室）提供利用情况的登记，主要是通过利用档案登记簿和档案利用效果登记表来进行。档案登记簿是档案馆（室）以借阅档案时间为顺序，逐次登记借阅档案内容、目的、数量等情况，反映档案提供利用情况的一种登记簿册，主要起统计档案提供利用情况的作用，也是借阅与归还档案的交接凭证。它是在利用档案结束后，以利用者为单位，由利用者及档案工作人员如实填写，由档案馆（室）存档。

在档案提供利用过程中，要求档案工作人员一是要有正确的服务观念，为档案利用者服务；二是要充分研究和了解社会的需要，熟悉馆（室）藏档案；三是要正确处理基础工作与利用工作的关系；四是要正确处理利用与保密的关系。只有这样，才能更好地提供档案利用服务，提高档案利用的效率。

第三节 档案编研工作

一、档案编研工作的内容与作用

档案编研工作就是档案部门以馆藏档案为主要对象，以满足社会利用需要为主要目的，在研究的基础上编辑史料、编写参考资料、参加编史修志以及撰写专门著作的工作。

（一）档案编研工作的主要内容

第一，公布档案，编纂档案史料和汇编现行机关档案文集。公布档案是指将档案的一件或若干件的全部或主要内容首次公之于众。编纂档案史料是指为满足历史研究和其他专门研究的需要而编辑的各种专题档案史料汇编。汇编现行机关的档案文集是指为了满足党政机关工作、科学研究工作的需要而编辑的重要文件汇编、会议文件汇编和政策法令汇编。

第二，编写各种档案参考资料。档案参考资料是指档案馆（室）根据一定的题目，对馆（室）藏档案材料的有关内容进行研究、综合、加工而编写的一种参考资料，是档案编研成果的主要形式。编写和提供档案参考资料，既是档案编研工作的重要内容，也是档案馆（室）开展档案提供利用工作的重要方式之一。

第三，以馆（室）藏档案为基础，参加历史研究和编史修志，撰写专门文章和著作。

（二）档案编研工作的作用

第一，档案编研工作是较高层次和具有较高效能的档案提供利用的方式。档案编研工作中除了专门的历史研究和编史修志外，基本属于档案提供利用的范畴。它的突出特点和作用集中表现为提供方式的主动性、档案材料的系统性、工作效果的研究性、发挥作用的广泛性，所以它是主动、系统、广泛地提供利用的一种有效方式和有力手段。

第二，开展档案编研工作是提高档案馆（室）工作水平的重要途径。搞好档案的收集、整理、编目、鉴定等基础工作，是开展档案编研工作的基础和前提，而档案编研工作的开展既能检验各项基础工作的完成情况，又对它们提出新的要求，推动其不断发展。

第三，开展档案编研工作是保护档案原件和长远流传档案史料的有力措施。提供汇编的档案史料和编写的档案参考资料，可以减少利用者反复使用原件，避免档案遭到破坏和散失，有利于档案原件的世代流传。

二、档案编研工作的原则

（一）存真性原则

存真性原则是指档案编研工作要保证编研材料的真实性和可靠性。维护历史的真实面貌，是档案工作的共性要求。在编研工作中坚持存真性原则，最根本的就是要坚持实事求是的科学态度。同时，编辑过程中，每一个细节都要有根有据，避免主观随意性。

（二）实用性原则

实用性原则是指档案编研成品必须适合社会各方面工作的客观需要。从编研课题的选定、选材范围与标准、编研材料的加工方式、印制数量、发放、交流范围等，都应当在了解实际需求的基础上进行，切合实际需要，注重实用性。

（三）可行性原则

可行性原则是指档案编研工作必须在依托档案馆（室）藏的实际状

况和必须遵守相关法规的前提下进行。任何编研课题的选定，除了要根据实际需要外，只有在馆（室）藏档案内容所覆盖的范围内才是可行的。此外，即使是馆（室）藏内容许可，由于受到档案法规制度的限制，凡属不符合开放利用规定范围内的档案，都不可被选用。

三、几种常见档案参考资料的种类及编写

档案参考资料是档案编研工作的主要内容，档案参考资料的种类主要有大事记、组织沿革、统计数字汇集、专题概要等。

（一）大事记

大事记就是按照时间顺序简要地记载一定历史时期的重大事件和重要活动的档案参考资料。

大事记可以向利用者提供某一问题的历史梗概，便于人们研究史实的演变及其规律；回顾以往情况，总结研究工作。此外，大事记从纵向角度记述大事，可以补充档案史料汇编、历史著作和地方志等只能从横向角度了解事物的不足。

1. 大事记的种类

第一，从范围和性质上，可分为机关大事记、国家或地区大事记、专题大事记、个人生平大事记（亦称个人生平年谱）等。

第二，从内容上，可分为综合性大事记与专题性大事记。

第三，从编写形式（即体例）上，可分为“以时系事”的大事记、“以事系时”的大事记和“时事结合”的大事记。

此外，从体裁（即表现形式）上可分为条目式大事记、表格式大事记；从名称上可分为大事记述、大事年表、大事年谱、大事月表、大事日志等。

2. 大事记的内容结构

大事记主要由大事时间和大事记述两部分组成。此外，还可以根据大事记的编写目的、对象、篇幅大小、年限长短等因素，设置前言（或编辑说明）、目录、材料出处和注释等。

第一，大事时间。一般要求记载准确的日期，不用或少用“最近”

“近日”“月初”“上旬”等不确定的日期来记述，而且对每件大事均须写明某年、某月、某日，然后再按大事发生的时间顺序的先后进行排列。对某些大事时间的记述，甚至还要写明确切的时、分、秒。对某些历史事件除了写明公元年号外，同时还须标明朝代年号。

第二，大事记述。通过对许多重大历史事件的记述，反映历史发展的概貌及其规律性。在大事记中应选用确属重大事件的材料，避免事无巨细地罗列材料。

3. 大事记的编写要求

（1）观点正确，用材真实

在分析人、物、事时，必须坚持实事求是、取舍合理、详略得当、褒贬公允，如实地反映事物的本来面貌。用材力求真实可靠、有根有据，对每件材料的形成时间、地点以及内容的正确性都要认真加以鉴别。如关于重大会议的叙述应明确具体的时间、地点及参加会议的重要人物，并对会议内容进行客观精练的概括，词语表达上不应带有个人的感情色彩。

（2）大事突出、要事不漏、小事不要

大事是指事件涉及的范围广、影响大，不仅在当时属重大事件，而且事后也影响久远的事件。要事是指在一定的范围、一定的时间有较大影响，事后仍有一定参考意义的事情。小事是指那些局部性的、只有一般意义的事情或活动。编写大事记时，应坚持大事突出、要事不漏的原则，记载要事是对大事的补充、衬托，使大事记内容完整、充实。如在编写一个学校的大事记时，省级以上获奖情况较多时，那些市级及以下的奖项就不必进行罗列了。

（3）系统条理，简明扼要

大事记按时间顺序记事，一事一条，不要数事一条，但事与事之间要前后照应、首尾关联、脉络清楚，给人以条理清晰之感。

（二）组织沿革的编写

组织沿革是系统地记载一个机关、地区或专业系统的体制、组织机构和人员编制变更情况的档案参考资料。组织沿革主要包括如下内容：

地区、专业系统或机关的历史概况、行政区划、建制变更情况；机关成立、合并、撤销的时间、原因，机关名称的变更，办公地点的迁移；机关的性质、任务、职权范围、隶属关系以及领导人的任免情况；机关内部组织机构的设置及变化情况；职权范围，机构负责人的姓名、任职情况；机关及内部组织机构的人员编制的扩大或缩小情况。

1. 组织沿革的种类

第一，记载一个单位的工作、生产发展及其体制、内部组织机构和人员编制的演变情况。

第二，记载一定地区内所属的党、政机关和群众团体等各种组织的设置及其变化以及行政区划演变情况。

第三，记载某一专业系统所属组织机构的设置及其变化情况。

2. 组织沿革的体例

（1）编年法

编年法是按年代顺序逐年编列出某一机关或地区或专业系统的内部组织机构设置及其负责人情况的方法，比较适用于组织机构常有变化的机关或地区或专业系统的组织沿革的编写。

（2）系列法

系列法是以组织机构为主线，对每一组织机构及其主要负责人沿袭变化的始末进行系列编写的方法，比较适用于组织机构相对稳定、变化不大的机关组织沿革的编写。

（3）阶段法

阶段法是根据机关或地区或专业系统发展历史上的重大变化，自然地分为若干阶段，然后在每一个阶段内划分为若干系列进行编写的方法。

3. 组织沿革的形式

组织沿革的形式有以下几种：文字叙述的形式、图表的形式和文图并用的形式。通常对历史沿革、主要职能和任务部分多用文字叙述的形式，辅之以图表说明。这样图文并茂，既能减少篇幅，又条理清楚，便于查找。

(三) 统计数字汇集的编写

统计数字汇集（又称基础数字汇集）是以数字的形式反映某一单位或某一地区或某一方面在一定时期内的基本情况的档案参考资料。

1. 统计数字汇集的种类

第一，从范围上可分为：一个机关（包括团体、企业事业单位）的，一个地区的和一个专业系统的统计数字汇集等。

第二，从时间上可分为：一年的和多年的统计数字汇集。

第三，从内容上可分为：综合性和专题性统计数字汇集等。综合性统计数字汇集，即系统地记载某一单位或某一地区或某一系统的全面情况的统计数字汇集。它包括的范围广，篇幅较长。专题性统计数字汇集，即系统地记载和反映某一方面或专题的基本情况的统计数字汇集。

2. 统计数字汇集的作用

第一，它是掌握情况、研究问题和进行工作时的一种重要工具和依据。由于内容简明扼要、形式灵活，在制订计划、总结工作中的经验教训以及撰写工作报告时可随时翻阅有关数字、数据，利用极为方便。

第二，它是一种重要的历史资料，往往以各种大量确凿的数字、数据供史学工作者作为阐述某一或某些问题的素材和论据，也可供其进行历史研究参考。

3. 编写档案统计数字汇集的要求

编写统计数字汇集，最重要的是材料必须准确可靠，对统计报表、调查的数字要认真核对，一般使用统计部门的材料，应征询业务部门的意见，可请他们参加核实。统计数字汇集可以由档案部门编，最好与统计部门、有关业务部门合编，以保证各种数字的完整、准确，提高汇集的质量。

(四) 专题概要的编写

专题概要是以文字叙述的形式简要地记述或反映某一方面的工作、生产或其他社会现象、自然现象的产生、发展、变化情况的档案参考资料。

专题概要用途很广，它既可为机关领导和有关人员系统、扼要地提供某一方面的工作、生产和其他方面的历史材料，又能为编写地方志、历史研究和科学研究等提供具有参考价值的素材。

会议基本情况简介（又称会议简介）是专题概要的常用形式之一，它是利用会议文件简要叙述会议过程、反映出每一次会议基本情况的档案参考资料。

四、档案参考资料的编写步骤

一般而言，档案参考资料的编写工作可分以下几个步骤进行：

（一）制订编写计划

编写计划主要包括以下内容：档案参考资料的名称（即题目）和编写目的；档案参考资料包括的内容、时间、地点和范围等；档案参考资料的结构和形式；档案参考资料编写的组织工作和时间安排等。

（二）收集材料

收集材料的方法是：一般可先利用档案馆（室）的案卷目录、分类目录、专题目录、全宗指南等检索工具，了解馆（室）藏档案中哪些部分有所编写的档案参考资料需要的材料；然后，将初选的准备利用的案卷从档案库房里调出来进行阅读、抄录。必要时，还可以从有关书刊、资料中收集、补充材料。

由于编写档案参考资料也属于公布档案内容的性质，所以在选择材料时，必须注意保密问题。机密材料的选择与否，需要根据所编参考资料的印发对象和范围来确定。

（三）综合编写

该步骤是编写档案参考资料的关键环节。档案参考资料的叙述内容和结构是由档案参考资料的种类及其用途决定的。一般的档案参考资料是以专题结合时间、地区分为若干章节，有层次地叙述档案的内容。需要注意的是，档案部门编写参考资料，要避免过多议论，主要是综合原始的档案材料。

为了便于利用者使用，还须为档案参考资料编写序言、目录、注释以及指明材料的出处。此外，必要时还可为档案参考资料编写人名索引、地名索引、机关名称简称表等辅助材料。

第五章　档案工作的现代化

第一节　档案工作现代化的意义、内容及影响

一、档案工作现代化的意义

(一) 档案工作为什么要实行现代化

1. 只有现代化才能解决档案工作面临的各种复杂问题

档案工作有一些矛盾的工作问题不好解决：第一，档案数量多。档案数量越来越多，增长的速度又快，需要大量的库房和各种设备，因此档案数量的增长与保管工作的矛盾越来越突出；第二，查找档案困难。浩瀚的档案材料仅依靠传统的工作方法和落后的技术设备很难迅速、准确地查找出利用者所需要的档案材料；第三，服务工作量大。社会上各方面都需要利用档案材料，而档案馆受各种条件限制，只能接待一部分利用者，无法满足广大利用者的要求；第四，设备简陋。无论是库房建筑、档案装具、库房内温湿度的控制，以及许多保护技术方面的问题，都因为缺乏先进设备而难以解决；第五，档案资源不能充分开发。由于管理方法和手段落后，档案的作用无法得到充分地发挥。

2. 实现档案工作的现代化是档案事业发展的需要

随着社会主义现代化建设的不断发展，档案在科技与工作中的运用都要求对入藏档案处理得仔细，能及时、无遗漏地把所需档案材料提供并快速传递到每个需要利用的地方。档案类型和数量的急剧增长给保管和使用带来一系列的问题。手工管理的落后状态，已无法解决档案工作面临的种种难题，影响着档案事业的发展。因此，档案工作的现代化已

成为刻不容缓的任务。而科学技术的发展，特别是电子计算机和缩微技术广泛应用于档案工作，则为实现档案工作的现代化提供了可靠的物质基础。

综上所述，档案工作的现代化是客观发展的要求和档案事业发展的必然趋势，其结果将给档案工作带来巨大转变。

（二）实现档案工作现代化的条件

1. 档案工作现代化的发展基础

我国档案工作经过几十年的建设，已初步形成了一个以机关档案工作为基础、以各级各类档案馆为主体、以档案教育科学研究和宣传出版为条件、以档案事业管理工作为组织中心的国家规模的档案事业，这为我国档案工作的全面发展和现代化提供了有利的条件。

2. 档案工作现代化的科技助力

电子计算机是档案工作现代化最理想的工具，可以建立起计算机检索的网络系统，实现档案检索的自动化。此外，缩微技术、复印技术、声像技术的广泛应用以及科学技术的不断发展为档案工作现代化提供了科技助力。

二、档案工作现代化的内容

档案工作的技术现代化、组织与管理现代化，以及干部知识化，构成了档案工作现代化的三个要素。

（一）技术现代化

档案工作技术现代化是指档案的记录、存储、整理、加工、查找、报道、交流、传递都用当代先进的科学技术装备起来，实现工作手段的现代化。它涉及广泛运用电讯设备、电子计算机技术、印刷技术、复制技术、缩微技术、声像技术等。例如，广泛使用计算机进行档案的检索、编目、库房管理、阅览管理、各种统计工作，并把电子计算机与现代化的缩微技术和通信技术有机地结合起来，实现管理自动化。

1. 档案工作计算机化

利用电子计算机建立档案检索、编目、统计、借阅、库房管理系统，在档案材料进行收集、登记、报道以及财务、人事、行政管理、办公室自动化等各方面都可以使用计算机。

2. 档案贮存缩微化

使用缩微设备将重要档案摄录在缩微胶卷或平片上，具有体积小、成本低、携带方便、查阅快速、保存期限长等优点，给档案的保管和使用带来了方便。

3. 复印技术在档案工作中的应用

档案馆（室）设置复印机用于档案的收集、存贮和提供利用等方面，可以大大地提高工作效率和服务质量。

4. 声像技术及其他技术在档案工作中的应用

随着科学技术的发展，声像技术以及各种先进技术、设备在档案工作中的广泛应用，为档案工作者在提高工作效率、减轻劳动强度等方面创造了良好的工作条件。

（二）组织与管理现代化

只有对现代化技术进行适度的管理，才能将先进的科学技术转化为生产力。档案事业的建设和档案工作的组织与管理以系统论、信息论、控制论等现代化的科学理论为指导，运用管理科学的原理，遵循档案的客观规律，研究和处理档案管理工作的各种问题。做到管理思想现代化、管理方法科学化、管理机构高效化、档案工作标准化，使档案管理与组织工作更趋于完善。

它的主要内容包括以下几个方面：

1. 管理思想现代化

管理思想现代化是指以科学理论为指导，根据档案工作的客观规律和档案的特点，进行合理的组织、控制的科学管理方法。

2. 管理方法科学化

管理方法科学化就是由单纯用行政领导和宣传教育的方法，演变为行政领导、法律、经济、宣传教育、咨询、顾问等相结合的方法，提高管理的功效。

3. 管理机构高效化

在档案管理机构内人尽其才，物尽其用，人、财、物的流通过程畅通，信息系统健全，传递及时、准确，令档案工作能为社会做出更大的贡献。

4. 档案工作标准化

标准化是科学管理的重要内容，没有标准化就没有科学管理。科学管理的水平越高，标准化的程度也就越高，标准化水平是衡量技术水平和管理水平的尺度。

（三）干部知识化

由于设备的现代化和管理的科学化，需要建设一支具有现代化科学技术知识和业务知识的专业干部队伍。他们不仅要具有较高的政治素养和愿意为社会主义档案事业献身的进取精神，还应懂得电子计算机的基本理论和基本技能，能够进行技术操作和管理。在档案专业上有较深的造诣和较丰富的文化和历史知识，才能适应档案工作现代化的需要。

总之，现代化的技术、现代化的管理方式和管理者构成了档案工作现代化的三个要素，也就是档案工作现代化的主要内容。

三、档案工作现代化的影响

（一）现代化将给档案工作带来巨大的变革

建立计算机检索系统，将大大地提高检索速度和服务质量。利用计算机和现代化设备对档案进行收集、贮存、加工，档案馆（室）将成为重要信息部门之一；缩微技术与电子计算机技术的广泛应用，将给档案的保管和提供利用带来极大的方便；档案工作的现代化将使档案工作人员的工作条件与工作方法发生巨大的变化。

第一，利用计算机检索档案，将极大地提高档案的查找速度，有较高的查全率和查准率，可节约利用者查阅档案的时间，提高服务的质量。

第二，利用计算机和现代通信设备，将使档案信息的处理、报道、传送的时间大幅缩短，档案馆将从保管史料的基地发展为科学研究和各方面利用档案史料的信息中心。

第三，缩微技术与计算机的广泛运用，将给档案的保管带来极大的方便。档案的体积大为缩小，以计算机输出缩微胶卷（片）的形式提供档案材料，确保档案原件不受损坏，使之“益寿延年”，传给子孙后代。

第四，建立计算机检索终端，能够提供快速复印和复制服务。利用者从电视屏幕上查阅所需要的档案材料，立即就能获得所需要的复制本，给利用者使用档案创造了极为方便的条件。

档案工作的现代化，使档案工作以崭新的面貌出现，提高了为“四化”服务的效率和质量；档案资源能得到充分的开发和合理的利用，必将对社会主义现代化建设的发展产生积极的影响。

(二) 推动建设具有中国特色的现代化档案事业

1. 把计算机化、缩微化与标准化有机地结合起来

以检索为突破口，建立起各种计算机检索系统，最终使其网络化。开展档案缩微使档案微型化，并把缩微与计算机紧密地结合，使档案缩微库成为巨大的外存储器。便于档案利用者调取使用。同时，进一步加强各项工作的标准化进程，使之更好的融合在一起，推动档案工作现代化。

2. 大中小型机械相结合

实现档案工作现代化需要购置大中型机械设备来武装档案馆（室），但对于价格较低、适合中小型档案馆（室）使用的设备也要大力推广。同时，原有的设备也应开展革新和挖潜，相互搭配使用，升级功能，以适应现代化需要。

3. 处理好传统技术与现代化技术的关系

传统技术应当不断改进，日渐完善，并将自身与现代化技术有机地结合起来，使档案工作者提高工作的效率和服务的质量，有利于加速档

案工作的现代化。

4. 选择实现现代化的最佳途径和方法

档案工作现代化，不同的部门可采取不同的途径，机关档案工作现代化应纳入本机关现代化管理的范畴，成为其中的一个组成部分。档案馆的现代化是档案工作现代化的主体，要统一规划，以典型引路。

5. 充分发挥档案事业管理机关的组织领导作用

档案事业管理机关负责统一规划并组织实施，及时解决各种问题以推动档案工作现代化。

第二节　档案工作技术现代化

档案工作技术现代化是以计算机为核心，包括缩微、复印、声像等新技术的装备广泛应用于档案工作。

一、档案工作计算机化

在世界范围内，大家公认电子计算机是实现档案工作现代化的理想工具。根据国内外的经验，档案工作可以应用各种类型的计算机（大型机、中型机、小型机、微型机）和各种外围设备处理档案工作的业务，具体应用于：档案的接收、编目、检索、借阅和归还、辨认到期档案的销毁、统计、修复和消毒、档案部门的日常工作等。各级档案部门应从实际出发，逐步建立以下自动化系统。

（一）计算机检索系统

它是档案工作计算机化的重点。因为检索在档案馆（室）的业务工作中占有重要的地位。国外好多大型档案馆已建立起计算机检索系统，我国也正在进行实验。检索系统是将每份文件或案卷的外形特征包括档号（全宗号、案卷目录号、案卷号）、分类号、缩微号、题名（标题）、责任者（作者）、文件种类、文本、文件编号、保管期限、密级、主题词、内容提要、附注等著录项目填写在统一格式的计算机输入卡片上，即将档案原件转化为档案二次信息输入计算机内，以一定的格式贮存在磁性载体上，形成数据库，需要时利用计算机进行高速检索。

其最显著的特点是高效率和多用途性；计算快，可以每秒以几十万次、几百万次、千万次、上亿次的运算速度查找档案。对一个利用者的提问，一般只用一、二秒钟就可以作出响应，检索一份文件或一个案卷只需若干秒，查找一个专题的档案材料，少则一二分钟，多则十分钟左右即可检索完毕，查全查准的可能性大，只要标引准确，凡输入计算机内的任何档案材料都能无遗漏地查找出来；检索途径很广泛，能够一种输入多种输出、一次输入多次利用、一处加工多处使用、一种方式加工多种方式应用。计算机依照工作人员的指令，可以将输入的著录项目自动编为按时间、作者、专题、主题、文件种类、文件编号、保管期限、密级排序的目录或索引。或用多种载体输出，有打印在纸张上的卡片式和书本式目录；或用胶片、磁带和穿孔纸带输出，制成机读目录；或用缩微胶卷与平片输出，在屏幕上显示，能灵活地满足利用者使用档案的多种需求。

随着计算机处理功能的提高以及与电讯设备的结合，检索系统从成批检索发展到联机检索和网络化。所谓成批检索，就是根据用户的提问和要求按批量集中地由专职检索人员进行检索操作，然后把检索结果提供给用户。成批检索的缺点是：用户不能与计算机对话、修改提问困难、不能立即得到检索结果；联机检索就是把以计算机为主的中心处理装置和分散在各地的终端直接联系起来，由终端装置输入提问并直接得到答案。联机检索实现了人机对话，可以随时修改检索提问，立即从终端得到检索结果。近年来又产生了由各自具备独立功能的计算机检索系统与电讯线路相互联结，形成的巨大计算机检索网络，每一个档案检索系统是计算机网络中的一个结点，每个结点又可以与许多终端互联，利用者可以使用任何一个终端设备检索到网络中任何一个检索系统的档案材料从而使计算机检索发展到更高级的阶段。

（二）计算机借阅管理系统

计算机借阅管理系统一般应具有借阅、预约、查找、统计等功能。借阅功能是识别借阅人是不是本馆（室）的合法借阅者。如果是，则应查明要借什么、是在馆（室）内阅览还是外借、借期多长，凡准许借用的则做好借阅记录并存贮下来，自动计算出归还日期，每日外借的档案能打印出催还的通知。预约功能是指预约登记、预约排队、检查同一利用者是否重复预约或是否有人已经提前预约，能够显示全部预约者名单，告诉预约者何时才能借到所需要的档案材料。查找功能是能够直接查找档案，回答该档案是否在库房中，是否被借去或正在整理、鉴定或修复。假若库房内有，即打印出借阅单，随同档案传送到阅览室。统计功能可以统计利用者人数、借出档案总数、利用效果、拒借次数等。具有上述功能的借阅系统已在国外的档案、情报、图书部门中出现。

（三）计算机统计系统

统计是档案工作的一个重要组成部分，基本任务是对档案工作发展情况进行统计调查。统计分析、提供统计资料、实行统计监督，以计量化的管理，发掘数学方法在档案管理中的应用。建立统计系统，应符合国家档案局制定的统计报表的要求，除了必须将档案机构、人员、馆藏、库房、利用、编制等各方面的基本数字输入计算机存贮外，各档案馆（室）还应有更具体的统计，如单份文件的统计，案卷数量或存放箱、柜、架的长度统计，以全宗为单位和整个档案馆（室）保存档案情况的统计，各个业务环节现状、利用人次和效果、利用目的、类型、拒借率、馆外未接收档案状况的统计，每年有多少档案要进馆等的统计。档案管理机关应对各档案馆（室）档案的构成、档案利用情况、档案人员及其素质、档案经费、档案馆（室）建设、档案的增加和销毁等，凡是有用的统计数字输入计算机存贮起来，使用时可根据指令制成各种统计报表，及时打印出来，成为领导和业务部门进行组织管理和决策时的依据和参考。

(四) 计算机库房管理系统

它包括两方面的功能，一方面计算机可随时把库房的情况反映出来，诸如库房内存放的是什么档案材料，各类档案材料存放在库房何处，每个全宗的案卷和文件数量，每个柜、箱、架上是什么档案，档案保管状况，是否被调阅，库房空间的安排等。另一方面的功能是对库房进行自动化管理，库房内的各种自动装置在计算机发出的指令下，对档案搬运、上架，对库房空气和温湿度调节，创造保管档案适宜的人造“小气候”，以及自动控制取暖、照明、防火系统、报警装置，确保库房的安全。建立库房管理系统，也需要将入库档案的各种数据以及库房设备的各种数据输入计算机存贮起来，建立完善的控制系统，需要时可随时打印出库房档案的清单和各种统计报表，实现库房的自动化管理。

(五) 计算机行政管理系统

计算机行政管理系统是指运用计算机进行档案工作的财务管理、人事管理、行政管理、设备管理、情况分析和报告、预测和规划、决策、办公室自动化等。

此外，计算机还可以在档案编制、出版，对缩微胶片、声像档案管理等各方面得到很好的应用。

二、档案缩微化

档案缩微化是档案工作现代化发展的新趋势。由于社会主义建设事业的发展，档案数量与日俱增，给保管和利用带来一系列的问题，而缩微技术的应用是解决这些问题的有效办法。

近年来，在世界范围内产生了档案缩微化的趋势，缩微复制技术在档案部门得到广泛的应用，档案缩微化因此成为档案存贮的重要手段。它不仅能提高档案材料存贮的空间上限，而且能在计算机处理档案信息工作中不断扩大信息存贮量，提高档案利用服务的自动化水平。它的优点是能够保持档案原貌，大大地缩小档案的体积，节约存贮空间；规格统一，便于保管和提供利用；有利于保护原始档案，延长档案的使用寿命；保存时间长，不易损坏和变质；成本低廉，节省人力、物力。如果实行档案缩微化，普通缩微度为 1/10 至 1/40，超缩微可以缩小成百上千倍。人们按照缩微的密度推算，一个保存档案达几十万卷的档案馆，将档案全部缩微后能够放在一只手提箱内。近年来，技术发达的国家在光学信息存贮技术方面有新的突破，运用激光打点的记录方法，把缩微密度提高到更高的程度。

档案缩微制品能够不断地更新换代，使其无限期保存下去。通过实验证明，缩微品可保存长达几百年，比纸张的寿命要长得多，还可以不断复制，达到永久保存的目的。现在由于摄影技术的进步，摄影机与胶卷、平片价格的降低，冲片过程完全可以由自动化的机器接管，档案工作人员经过训练就可以自由操作。每个档案馆（室）都可以根据自己的需要，进行档案缩微工作。

缩微化与电子计算机相结合，是档案工作现代化的重要内容。电子计算机依靠存储器存贮量有限，价格也比较昂贵，假若把档案的原文全部存贮起来是很不经济的，一般只把档案的二次信息输入计算机，而缩微复制可以把档案原件全部缩微，既能节约资金又便于管理。从某种意义上说，缩微档案库实际就是计算机的外存储器。所以，缩微技术与计算机结合，二者相辅相成，互为补充。从长远来看，为了解决档案数量的急剧增长和载体的不断老化而带来的保管和使用上的矛盾，采用档案缩微化势在必行。技术发达的国家，都在大力地进行档案缩微化工作。法国建立了全国性的档案中心，并接收了缩微档案的正片 250 余万米，计划将全国档案馆和省级档案馆的双份缩微档案的正片接收一份保存下来。我国的档案馆（室）从 20 世纪 60 年代初期开始缩微工作，购置了大量设备，培养了一批从事缩微工作的人才，积累了许多经验，已初步具备档案缩微化的条件。

三、复印技术在档案工作中的应用

近年来，复印技术发展很快，复印的种类和方法很多，如重氮复印法、热敏复印法、蓝图复印法、电子扫描复印法、静电复印法等。其中，以静电复印法占主导地位。

静电复印技术在国内外相当普及，成为通用的办公手段，档案馆（室）大多备有复印机为利用者复制档案。它具有速度快、效率高、使用方便、价格低廉、保持档案原貌、复印份数不限、不需要阅读器就可以阅读等优点，是档案收集、存贮、交流和传播的一种重要手段。从20世纪80年代开始，我国档案馆（室）广泛应用静电复制技术开展复印业务，使利用者不必手抄档案材料，节省了时间和人力；对于珍贵档案、利用频繁的档案，用静电复制品提供利用，既能保护原件又方便工作，很受利用者的欢迎。

目前，复印技术发展的一个特点是复印设备的系列化和自动化，即印刷品复印、缩微、缩微品放大再复印等工序配套一体化，实现自动化生产，工作效率大大提高，因而受到各行各业的普遍重视并得到了较广泛的应用。

四、声像技术在档案工作中的应用

随着科学技术的发展，近几十年来，出现了录音带、录像带、电视片、电影片、幻灯片、唱片等新型档案材料，完全脱离了白纸黑字的印刷和书写形式，这些新型的档案材料已正式列入档案馆（室）的收藏范围，它们在档案馆（室）藏量中所占的比例越来越大，总有一天，这些以磁带、胶片为载体的档案材料甚至会达到与以纸张为载体的档案相抗衡的地步。目前，在档案馆（室）的阅览室内，不仅可以借阅纸质档案，还可以戴上耳机听录音档案，在荧光屏前看录像、电视、电影等。声像档案具有能闻其声、观其形的特殊效果，给人以直接的感觉认识，有助于产生对事物的形态、性质、现象、过程有更深刻的理解。但它往往不能用肉眼直接阅读和观看，必须借助于特别器材才能利用，为了适应对上述档案材料日益增长的需要，档案馆（室）也要相应地增加设备和专用库房，档案人员也必须掌握保管这些档案的知识，学会操作使用，进行科学管理，才能发挥其应有的作用。

综上所述，档案工作技术现代化主要体现在档案工作计算机化、档案存贮的缩微化以及复印技术、声像技术在档案工作中的应用。

第三节　档案工作管理现代化

一、管理思想现代化和管理方法现代化

（一）管理思想现代化

实现管理现代化首先要树立先进的管理思想，学习科学的管理理论，继而采用与之相适应的组织结构、组织行为、管理方法和管理手段，才能达到预期的目的。

档案工作要实现管理现代化，也必须进行管理思想上的革命。管理是一门科学，必须运用科学的理论来指导档案管理工作。现代管理科学是建立在自然科学和社会科学的基础上，包括经济学、数学、物理学、社会学、心理学等各种技术科学的成果，并且运用系统论、控制论、信息论、运筹学、行为科学、现代经济计量学以及最优化技术、计算机技术等最新科学成就而形成。档案管理工作要在管理学科学理论的指导下大胆探索、立志改革，改变一切不适应的管理方式和方法，遵循档案和档案工作的客观规律进行科学管理。

管理的重要目的之一是提高有效性。所谓管理的有效性，就是档案工作组织达到既定目标的程度，它以档案工作获得的成效来衡量。档案工作的成效要从社会效益、经济效益、历史效益、现行效益等方面去综合衡量，不能仅强调其一方面，要把几方面有机地结合起来，全面地去看，判断档案工作为党和政府、经济建设、科学研究和“两个文明建设”提供服务的数量和质量，具体地说就是看现代化管理的效用是否符合人民利益、社会进步和建设社会主义事业的需要。

实现管理思想上的革命，要善于学习和借鉴国外先进的管理经验和

管理方法，做到“洋为中用”。全体档案工作者，特别是领导干部更应努力学习。只有通晓管理并具备一定的专业知识，才能把档案工作管理好。

(二) 管理方法现代化

管理方法是人们为了使被管理系统的功效不断地提高，在管理活动中为了达到目的所采取的手段、措施、途径等。管理方法现代化，就是由单纯用行政领导和宣传教育的方法演变为行政领导、法律、经济、宣传教育、咨询顾问等相结合的方法。

按照社会主义事业的需要，从中央到地方建立起档案工作组织系统，通过下级服从上级的行政手段，实现自上而下的业务指导和监督，实现对档案和档案工作的集中统一管理，维护档案的完整与安全，使整个档案工作系统在统一目标、统一意志、统一行动下开展工作，卓有成效地发挥管理职能，各级档案事业管理机关负责领导、决策、计划、组织各地方的档案工作，通过行政组织、行政层次、行政手段以及指示、规定、指令性计划、制定规章制度等方式和方法对各地各单位的档案工作进行管理，因事、因时、因人灵活处理各种复杂的问题以加强和改善对档案和档案工作的管理。在运用行政方法的同时，辅之以宣传教育的方法。

行政方法是执行管理职能的根本手段，任何管理部门离不开它。但是，在管理工作中行使单一的行政手段和宣传教育方法是不够的，还需要与经济方法、法律方法、咨询顾问等方法结合起来。

经济的方法就是在档案工作中讲究经济效益、经济效果，把劳动集体和个人的物质利益与其工作联系在一起，运用经济杠杆的手段来进行管理。经济效益包括向社会提供有用的产品和有效的服务。档案工作的经济效益，主要是以向社会提供档案材料在经济、科学文化等方面效果的大小来衡量其优劣。经济效果，就是投入的劳动消耗（包括物化劳动消耗和活劳动消耗）与产生的经济效益（包括产品的使用价值和提供的有效服务）之间的比例关系。讲求经济效果，是以最少的劳动消耗获得最大的经济效益。也就是说以最少的人力、物力、财力和时间耗费去最好地完成预定目标和任务。档案工作在管理方法上要建立一套计算和考核经济效果的指标体系，无论是档案的收集、整理、鉴定，或者是检索工具的编制、档案装具的设计和创作、档案库房的建造、各种现代化设备的购置等都要讲求以较少的"投入"，产出较多的"效益"。

咨询顾问的方法也是有效的管理方法之一。档案工作的各级领导机构可以建立自己的智囊团、顾问团、参谋班子，任务是向领导献计献策，为制定档案工作方针、政策和规划进行设计，对发展提出预测和评价。在档案管理、干部培训、业务信息等方面，提供必要的事实与情报，起咨询和服务作用。根据档案部门的特点，需要发挥各级档案学会与高等院校在这方面的作用。学会与高等院校聚集了档案工作各方面的专门人才，他们熟悉档案专业，掌握的信息量大，不受行政束缚，可以敞开思想对各种咨询课题发表意见，供各级领导决策时参考。重视和充分利用智力资源将会助推档案工作的发展和理论研究水平的提高。

二、管理机构高效化

管理机构是发挥管理功能完成管理目标的工具。档案管理机构的功能，是对档案工作进行预测和计算、组织和报道、监督和控制、教育和激励、挖潜和革新。具体任务是组织本系统全体人员适当安排各种关系，有效地运用每个组织成员的才能，充分发挥组织系统的力量，达成档案工作的总目标——科学地管理档案，便于党和国家各项工作的利用。为了实现这一目标，必须充分发挥组织机构的高效能。因此各级档案组织机构应当目标明确、渠道通畅、稳定适应，实行计划管理、信息管理和工作责任制。

(一) 目标管理

整个档案这个大系统，在服从服务于党的总路线、总任务的前提下，确定档案事业长远奋斗的总目标和近期目标。各省、市、地、县的子系统（包括档案局、馆、室）应有具体目标，总目标要落实到各个部门短期和中期的目标里去，全体档案工作者的视线都应集中在大系统的总目标，并为之努力奋斗。

在总目标的指导下，各局、馆、室的具体目标通过计划落实到任务。每个组织机构的任务要落实到每个人，确定每个人的任务。各组织机构的任务是个人任务的总和，个人任务是各组织机构任务的构成单元。组织中的每一个成员都必须了解个人的任务应该如何配合整个组织的任务，也必须知道整个组织任务对个人的意义。例如，某档案馆工作的目标是把档案馆逐步建设成为永久保管档案的基地和各方面工作利用档案史料的中心。

（二）建立责任制

任务明确后，还必须使组织机构中的每个管理单位及每个成员明确如何完成任务，清楚自己的职责。这就需要建立责任制。建立责任制的目的就是明确规定责任范围，让每一个管理单位和每个人都担起应负的责任。它对于提高工作质量、开创档案工作新局面有着重要的意义。档案干部责任制的内容，根据一些地方的实践经验，可实行分级、分人、分工负责，定职、定责、定权、定考核标准，定期总结评比、表扬先进。

（三）建立健全信息系统

档案组织机构是由若干事物组成的一个有机整体，是一个不间断的流通过程。其功效的发挥在一定程度上取决于流通过程的畅通度，这个流通过程可分为两个方面：一个是人员和财务的流通，称为物质流；另一个是信息的产生、传递和处理的流通，称为信息流。管理部门的职责就是通过信息流来控制物质流。管理人员通过调查研究、情况的汇报、意见的交换、命令指示的下达等各种方法了解情况，联系工作，指引人力、物力、财力的沟通。档案部门的信息系统还不够健全，只有纵向的信息系统，而横向的信息系统不够完备，因受保密的限制，档案系统内和系统外的有关部门和相关学科之间很少往来。

只有建立馆（室）际之间、档案学与情报、图书等相关学科之间的信息网络，洞察县内外、省内外、国内外的档案和档案工作情况及相关学科的发展动态，及时将收集的信息整理、加工，为档案事业的发展作为借鉴依据，健全信息系统，采取多种渠道，增强纵向和横向的联系，进一步健全调查研究和统计、汇报制度，充分运用信息这个工具，才能提高组织机构的效率。

（四）实行计划管理

计划管理是社会主义档案事业科学管理的重要原则，也是提高组织机构效能的有力措施。档案事业的计划管理是根据社会主义经济发展的客观规律提出的。档案事业既不能超越经济基础所提供的条件，也不能长期落后于经济发展的水平。档案事业的建设和发展必须按照一定的计划进行，既要有全国性的大计划，也要有地区性乃至一个档案馆（室）的小计划。计划管理比目标管理更为具体，也是把目标管理落到实处的前提。计划的种类可分为短期计划和长期计划、专题计划和综合计划、业务计划（管理计划）等。依据计划办事，可以减少盲目性。

（五）保持组织结构的相对稳定性

组织机构必须具有相对的稳定性，才能充分发挥效能。档案机构若要发挥高效能，全国大系统与各子系统必须相对稳定，无论是局、馆、室都应是实体单位。只有稳定，才能够以昨天的成就为基础规划未来，从事本身的建设，保持本身的连续性。稳定不是不变，而是在稳定的前提下，根据情况的变化和工作的开展随时做局部调整以适应新形势、新要求。

此外，档案组织机构的设置，还应本着行政管理机构要精、业务机构要充实的原则，用最少的人力搞行政管理，把主要的人力特别是学有专长的人员集中到业务机构，搞好业务建设，实现组织机构的高效化。

第四节　档案工作标准化

档案工作标准化，是指在档案工作领域内，由档案事业主管机关以及各有关部门协商对档案工作的管理、原则、方法、质量、概念、设施等方面，制定出科学的、统一的规则和技术规范，进而进行修订的全部活动过程。总括地讲，就是科学地制定、贯彻、修订各项标准，使档案工作逐步走向规范化、统一化。这是提高档案工作水平和服务效率、实现档案工作现代化的重要条件之一。

一、档案工作标准化的意义

档案工作标准化，对于实现档案工作现代化有着重要的意义，主要表现在以下几个方面：

（一）标准化是实现档案工作现代化的基础

档案工作现代化是建立在先进技术、严密分工和广泛协作的基础上，要求各档案局、馆、室之间，局、馆、室内部各部门之间，各业务工作环节之间既有严密分工又有密切合作。档案事业这样一个复杂的系统单靠行政手段安排是不够的，必须在技术上使工作活动保持高度统一和协调一致。标准化是通过制定和贯彻各种标准，使分工合作有了统一的科学准则和依据，它同时也是不可缺少的技术纽带，它从技术上把各部门、各业务环节有机地联系起来，形成一个统一的有机整体，保证各项工作有条不紊地进行。假若没有统一的标准作为共同的依据，各局、馆、室各自为政、各行其是，其结果必然会出现互不统一、互不协调、互不衔接、互不配套的混乱状况，要实现现代化是不可能的。现代化必须建立在标准化的基础上，现代化程度越高，就越需要标准化，标准化的相应发展，又能促进现代化。因此，我们可以说没有标准化就无法实现现代化。

（二）标准化是实现档案工作科学管理的重要组成部分

所谓科学管理，就是根据档案的形成规律和特点，运用先进的技术和方法，依据各种科学管理制度对档案进行管理，开展各项工作。这就要求在档案工作中建立起符合档案工作特点的档案管理、技术管理、设备管理、劳动管理、质量管理、安全管理等科学管理制度，制定一系列标准，实现档案工作的标准化和科学化，使档案工作的各项业务都按标准要求来进行。所以，各种科学管理制度的形成都是以标准化为基础。例如，制定案卷质量标准，能使组卷工作达到或接近最佳水平，避免来回折腾；制定档案鉴定、保管、检索、提高利用、编制等方面的标准，使档案工作规范化。每做一项工作，都有规可循，有法可依，达到高效率、高质量。因此，要实现科学管理，必须大力推行标准化。

（三）标准化是提高工作质量和工作效率、节约人力物力的技术保证

通过制定、发布和实施标准，使档案工作领域内需要协调统一的重复性事物和概念达到协调统一，以求获得最佳的效益和良好的工作秩序。档案工作中的整理、鉴定、检索、提供利用等工作，在每个档案馆（室）都是周而复始地进行着，虽然在具体的对象和工作内容上有差异，但质量要求都是相同的。制定统一的标准，将质量、规格、工作程序统一起来，就可以节省很多重复的不必要的劳动，大大地提高了工作效率。

二、档案工作标准化的主要内容

档案工作标准化是我国档案工作现代化的一项基础性工作，也是档案学中一个比较新的研究领域。目前对它所研究的内容、范围，还没有统一的认识，尚在探索之中。这里仅提出以下几个方面的要求：

（一）档案工作专业名词术语标准化

任何一门专业要阐明其内容，都要使用特定的术语，并且要赋予每一个名词术语以特定的含义，作为彼此交流的共同语言，以便研究和讨论问题。档案专业的名词术语都有特定的内涵，不能任意加以解释。但是档案学毕竟比较年轻，许多名词术语还在探索中。基本的“档案”这一名词的概念也讨论过多次，至今在具体表述上仍有不同看法；档案的种类也是众说纷纭、莫衷一是。由于名词术语的含义不清，给档案学理

论研究和档案工作实践带来混乱，影响档案学和档案工作的发展。如果通过制定档案专业名词术语标准，把最常用的一些名词术语和概念明确起来，有一个比较明确的解释，这对统一档案界的认识、繁荣和发展档案科学都有着重要的意义。

（二）代号代码标准化

代号代码又称标记符号，它是利用文字符、数字符、颜色、图像来表示一个具体概念。档案工作中的许多著录项目都采用统一的代号代码或缩写形式来加以准确的表示，代号代码的使用，对于档案工作有重要的意义。例如，分类号、档号、档案馆代码等，在档案的整理与编目、科学管理与提供利用、实现档案工作标准化和现代化方面，都具有重要的作用。使用代号代码代替文字，简单明了、易读、易记、易认、易于输入计算机、易于传播和利用，好处很多。档案工作的代号代码标准，主要包括档案馆代码、档案工作的名词术语缩写代码、档案类型与档案载体代码、档案著录的代号代码等。

（三）档案著录标准化

制定档案著录标准，是为了建立健全我国统一的档案检索体系，开展档案的报道与交流，充分发挥档案在社会主义建设事业中的作用，经过艰苦努力，已完成国家标准《档案著录规则》的制定工作，并经国家正式批准颁行。

（四）标引语言标准化

标引语言标准是指档案的标引和检测语言标准。标引语言标准主要包括档案分类表、档案主题词表、档案分类标引规范、档案主题标引规范等。目前，已完成档案分类表、档案分类标引规范送审稿，争取成为国家标准。

（五）档案收集、整理、鉴定标准化

收集、整理、鉴定是基础性的工作。制定这方面的标准，对于提高档案工作的质量、效率和水平都具有重要意义。过去虽然制定了《关于文书档案保管期限的规定》等规范性文件，但数量有限，尚需制定案卷质量标准、案卷封面编目标准、档案整理与分类标准、档案销毁标准等。

（六）档案统计、提供利用标准化

档案统计和提供利用工作也应实现标准化。档案统计工作标准，可包括机构、人员、档案馆（室）基本情况的统计、档案工作情况的统计。在统计时间、周期、项目、格式等方面都应标准化。档案提供利用的标准，包括利用范围、手续、保密、阅览、展览、档案外借等标准。

（七）档案工作现代化建设方面标准化

这一方面的标准涉及的面比较广泛，包括计算机、缩微设备以及其他有关设施的一系列标准。如计算机程序语言、计算机接口标准、磁带交换格式标准、缩微复制技术规格标准、档案保护技术设备标准等。

（八）档案装具和库房建筑标准化

目前，全国档案部门的档案装具、档案库房自行设计和建造的状况亟待改变。应在充分调查研究的基础上制定出技术先进、经济合理的档案装具标准、档案库房建筑标准。制定库房建筑标准，应考虑到我国各地区的气候差异，在符合保护档案的前提下因地制宜地制定库房建筑标准细则。

（九）档案的制成材料与书写材料标准化

档案的制成材料与书写材料的优劣，是决定档案能否长期保存的一个重要因素。档案的制成材料与书写材料，无论是纸张、胶片、磁带、磁盘以及各种字迹图片材料全部是物质的东西，不断地发生变化。要想延长档案的寿命，必须要求材料的耐久性，制定适合档案使用的纸张、墨水、圆珠笔复写纸、胶片、磁带等各种记录和书写材料的标准。

第六章　档案信息化与自动化管理的创新

第一节　多载体档案统筹管理分析

一、档案目录信息统筹管理

无论是电子的还是纸质的档案，无论是手工管理还是采用计算机实行自动化管理，“整理、分类和编目”始终都是档案工作的重要组成部分，档案目录是各级各类档案馆提供档案服务利用的基础信息，也是档案检索和档案利用的重要依据。

在档案馆实施信息化过程中，目录信息的数字化也是很重要的一项任务。长期以来一些档案馆的做法：数字化档案采用管理信息系统进行管理，纸质档案采用手工翻本的方式进行检索。馆藏的传统载体中，手写档案目录是最常见的方式，而新归档的各类档案会形成各种机读档案目录，或以 Excel、Access、Word 的形式或以关系型数据库格式存储的数字形式呈现。为了方便档案利用者，档案馆必须对已有馆藏和以后归档的所有档案的目录信息进行整合，按来源或信息分类的不同方式分别进行整理、分类与合并处理，形成能够覆盖各类档案资源的目录信息，采用档案管理信息系统对档案目录信息实行统一管理，实现目录信息的资源共享和统筹管理。

档案目录信息统筹管理的另外一个含义是案卷目录和卷内文件目录的关联管理，即尽可能将卷内文件目录也实行计算机化管理，并与其对应的案卷目录进行关联。当检索到案卷目录时，就可以方便地浏览其卷内文件目录，提高检索的准确度；当检索到卷内文件目录时，也能够快速地定位到它所对应的案卷目录及其所在的库房存址，以方便调卷。

当然，由于档案馆人、财、物等资源的限制，档案信息化工作也是一个循序渐进的过程，不可能做到一蹴而就，因此，需要根据业务工作需要的紧迫程度来进行。有些档案馆在信息化实施一开始，注重新接收档案的目录建设和全文管理，而将原有馆藏档案的目录和实物数字化作为二期工程来实施。实力较强的档案馆则将两项工作并行开展，以加快档案数字化处理和信息化利用的效率。无论采取哪种策略和方式，档案信息化最终的效果是将档案馆的档案全部实行信息化统筹管理，既方便档案管理工作者，又方便档案利用人员，更能为未来档案资源的社会化服务与信息化共享奠定坚实基础。

二、目录全文一体化管理

档案全文，一方面是指馆藏档案内容的数字化信息：如缩微胶片、照片、纸质档案数字化形成的静态图像文件，以及磁带、录像带等经过模数转化后形成的声音、图像等多媒体文件；另一方面是指各机构使用计算机和办公自动化系统等产生的电子文件归档后形成的数字化档案信息。

与档案目录信息相比较，档案全文能够提供更详细、更完整和更准确的内容和信息。然而，很多档案馆在接收电子文件或进行数字化加工后，并没有将这些原文信息很好地管理起来，而是将这些数字化全文和图像存储在光盘、磁盘或网络存储器上，与保管纸质档案一样，把他们放在库房中，甚至没有对其分类、编目，根本无法进行系统化管理或提供利用。这完全违背了馆藏数字化和接收电子文件进馆的根本宗旨。数字化信息最大的特点是利用的方便性和检索的快捷性，档案馆花费大量的时间、人力、物力和财力开展馆藏档案数字化和接收电子文件进馆的主要目的是方便利用，对于使用频繁的历史档案而言，这也能起到保护档案的作用。

目录全文一体化管理是信息化管理中比较有效的一种方式，其工作原理是首先在档案目录中进行检索，缩小范围，然后再检索全文，以便准确定位查档目标。通常采取的方式是：将档案目录信息采取关系型数据库管理系统实行统一管理，将扫描后的图像文件和新接收的电子文件档案以文档对象或文件形式存储在文件服务器或者内容服务器上，并通过一定的访问规则将档案目录信息与这些文件对象进行关联。在检索到档案目录信息时，就可以浏览和检索全文。如果在信息系统中，还需要按照系统设定的用户对目录和全文的浏览、检索权限进行处理。

目前，很多档案馆在接收电子文件时，采用“目录全文关联归档”的方式。这种归档方式是将电子信息分门别类，整理成方便检索的目录信息，并将电子原文与电子目录进行关联挂接，即将电子信息的目录与全文进行捆绑。具体实现思路就是把目录信息与电子全文信息分开存放，将电子信息进行分类、编目，形成档案目录信息，将目录信息存放在关系型数据库中，将电子全文存放在文件服务器或数据库的二进制存储对象中。因此，在实现电子信息归档时，必须做好分类编目、原文整理以及梳理他们之间的对应关系。同时需要建立与之相配套的“电子信息背景应用环境”自动下载中心，以确保电子文件档案的可读性。文件中心可以是一个将所有欲归档的信息集中到一起的一个逻辑管理中心，其物理位置可能是分布式存放在每一个业务系统内部，也可能是存放在档案馆的一个专门的服务器上，网络的使用已经模糊了电子信息的物理位置，只需要按照要求使工作人员方便管理、方便访问就能达到目的。

在实际利用工作中，并不是所有有价值的档案都会被频繁查找，如工程设计或建筑系统的人员需要经常查询的是工程图纸类的档案信息，而很少关心财务类的档案，而建筑专业的利用者基本上只查看此类档案的应用软件和浏览工具。正是基于档案利用者的这种需求和特点，因此实施“目录全文关联归档”方案是方便可行的。虽然针对每一类电子文件信息都记录它们的应用背景、环境信息，会使存储介质中贮存大量的冗余信息，造成资源浪费。但是，为了满足和方便利用者查看其他类电子档案信息，如单位领导可能会查看各类综合档案，“目录全文关联归档”方案采取提供“电子信息背景应用环境”自动下载并提示装载的手段，以满足对那些想查看数字档案信息，但其客户机上没有安装运行环境的网络用户的要求。

实施“目录全文关联归档”，要求档案工作者要转变传统的工作方法，从档案利用者的需求出发，分析档案被利用的范围和特点，遵循档案管理的原则和标准，对部门形成的数字化档案实行即时归档，将“目录全文关联归档”的思想贯穿于电子档案形成的全过程。档案馆的工作人员也要充分利用现代化管理手段，通过网络开展指导、鉴定、归档与管理工作，将工作重点转移到分析档案利用者的需求、开发档案资源的编研与开发、监控电子文件的形成过程，将工作模式从“被动接收”转变为“主动挑选”，将真正有价值的、值得保存的电子文件转化为未来社会需要参考和利用的档案资源。

档案信息的“目录全文关联归档”方案，充分体现了档案工作者在电子文件归档过程中采取的“主动服务、一体化管理”的全新理念，也保证了归档以后的电子信息能够获得科学有序的管理和提供利用。这种方案已经被很多档案馆所采用，并且推广应用于馆藏档案数字化处理后的目录信息与电子图像信息的管理中，这是目前我国档案信息化工作过程中值得借鉴和采纳的、行之有效的解决方案。

三、档案工作的“双轨制”

各行各业信息化的大力开展，必将形成大量的电子文件和电子档案，但这并不等于档案馆以后就不再接收纸质文件。由于电子档案的法律依据、永久保存和安全管理等方面还存在这样或那样的需进一步探究和明确的问题，而实践经验证明，优良的纸质档案可以保存很多年。因此，在未来相当长的时间里，电子档案和纸质档案将长期共存，二者之间的共存、互动与消长构成了信息时代人类记载历史的特殊方式。“双轨制”将成为21世纪档案工作的主流模式。

“双轨制”是指在文件形成、处理、归档、保存、利用等过程中，纸质文件和电子文件二者同时存在，两种载体的文件同步随办公业务流程运转，同步进行归档、同步进入归档后的档案保管过程。实行双轨制的机构，在文件进入运转程序时就以电子和纸质两种载体并存，业务人员要对同样内容的两类文件进行并行办理。由此看来，“双轨制”的核心是从文件的产生开始就以两种载体形式记录各项社会活动。这些记录中有保存价值的将作为档案进入归档阶段，将纸质和电子的记录同时移交到档案馆。

就网络、电子环境本身而言，尽管他们存在先天的“不安全”和“淘汰快”等缺点，但每一种新的服务器、存储器、数据资源管理系统的出现都会兼容老的版本或者出台新的数据转换或迁移方法，目的是确保原来的电子数据不失效或可读。事实上，很多“读不出来”的“丢失的”数字化的文件和档案，究其原因主要是在计算机硬件环境和软件平台升级的特殊时期，没有及时做数据的转换或迁移工作，当属管理上的失职。当然，每一次转换或迁移都有可能破坏档案文件的原始性，或者丢失一些相关信息，这才是为什么要实行“双轨制”的根本原因。

彻底的“双轨制”需要投入很多人、财、物资源，在电子文件形成过程的管理上也很复杂。因此，很多单位采取了“双套归档”的做法，一种是将办公自动化系统中属于归档范围的电子文件在归档前，制作纸质拷贝，归档时将二者同时移交到档案馆；另外一种则是对纸质的文件进行数字化扫描和文字识别处理，形成纸质档案的电子拷贝。这样，保存的电子文件可以方便网络化利用，纸质文件则主要用作永久保存，有些单位则采用缩微技术，实现档案的缩微化保存。这些做法不可避免会增加档案馆接收档案和管理档案的复杂性，提高档案管理和保存的成本，但这依然是21世纪档案工作的主流方式。随着时间的推移，档案馆保存的纸质档案和电子档案的比例将会逐渐发生变化，但纸质档案还会在相当长的一段时间内成为馆藏的主要部分。

因此，各档案馆需要根据自身管理档案的特点和所拥有的资金、人才、网络设备资源等状况，选择恰当的档案接收方式，开展档案的接收和档案信息化管理工作，比如，是全部档案做双套归档还是将重要的部分做双套归档，是在管理过程中随着档案利用的需要做数字化还是全部数字化等。在这一点上，每个档案馆的情况都不完全相同，因此无固定的模式可循。

第二节　文件档案一体化管理探索

计算机的普及、电子文件的产生、各种办公自动化系统的推广和应用，使文档一体化管理真正成为可能。一套新的管理思想、技术和方法将取代过去的管理模式。文件档案一体化管理是文件生命周期理论和全程管理与前端控制思想应用于电子文件管理的典型模式。在网络信息系统中，电子文件和电子档案很难截然分清，各行各业的信息化形成大量的电子文件，在结束其现行业务之后，需要将有保存价值的电子信息进行整理、归档，进入永久保存期，这必然使文档一体化管理模式进入实质性的应用阶段。

一、文档一体化管理特点

文档一体化强调电子文件全过程管理的连续性和信息记录的完整性，目的是确保有保存价值的电子文件，自生成开始到生命周期活动过程结束的全过程，信息能够获得完全的记载和一致的保存。文档一体化管理的特点体现在以下几个方面：

（一）管理过程的互动性

文档一体化最重要的特点是将现行业务系统的工作与档案工作实现互动与交叉。一方面使档案工作者从文件生成之日起就能够开展鉴定、归档及归档后的管理，通过前端参与和过程控制，加强为社会积累财富的执行力；另一方面也使得开展现行业务活动的工作人员增强了对档案的认知程度，不仅认识到，只有将有价值的文件完整归档并移交给档案部门进行保管才能算相应的工作真正结束，同时还要意识到，在开展现行业务系统的过程中，要责任明确，注意积累、记录电子文件活动全过程中所有重要的和有价值的信息，确保电子文件的真实性和完整性。管理过程的互动性加强了多方人员工作中的交流与沟通，对形成和积累有价值的、完整的、真实记载社会活动记录的电子档案具有非常重要的社会意义。

（二）应用系统的统一性

文档一体化管理模式是通过文件和档案共同依赖统一的管理信息系统，并运行于同构的网络、服务器、数据库管理平台，采取相同的数据、文件存储格式实现的，不同的是业务工作人员与档案工作人员对信息系统的操作权限有所不同。在文件的生成、处理、会签、审批等各业务工作处理阶段，业务工作人员拥有对文件的增加、修改、删除等权限，而档案工作者只有查看、浏览的权限。在文件结束其现行期业务工作之后，进入归档阶段时，由电子文件的归档整理人员进行筛选、整理，而档案工作者则开始履行电子文件的鉴定职能和归档前的指导工作。在电子文件归档形成电子档案后，档案工作者则需要开展电子档案的保管，并为档案形成单位和社会提供档案的服务与利用。应用系统的统一性使得在从文件到档案的转变过程中，不再需要数据转换和迁移，保持了文件信息的真实性和完整性，同时也降低了工作人员使用信息系统的复杂性，减少了使用过程中的错误发生率。

（三）工作流程的集成性

在传统的文件管理过程中，文件的形成、归档和作为档案保管与提供利用等环节，都将文件生命周期清楚地划分为三个相对独立的过程，即现行期、半现行期和非现行期，并通过现行业务工作部门、机构档案室和档案馆三个物理位置不同的部门分别完成各自的工作。而文档一体化则将文件、档案的管理流程实现了集成，要求在一个统一的系统内，有统一的控制中心，统一的工作制度，统一的且各有特点又互相衔接的工作程序，将档案著录、鉴定、保存和管理等工作贯穿于文件的形成、流转、会签、批准或签发、整理、鉴定、归档、移交、保存或销毁等各个环节，实现各个过程中工作流程的集成和信息的共享，而且能够根据不同的文件与处理要求定义特定的工作流程，实现流程的优化和个性化处理，提高了工作效率，降低了档案接收和保管的复杂性，避免了信息的多次录入和产生不一致信息的可能性。

（四）业务处理的自动性

文档一体化是在充分信任的网络、计算机和信息系统的数字环境下开展工作，采用信息技术和基于工作流程管理理念实现的自动化信息系统，不仅提高了工作效率，而且降低了错误发生的概率。同时，在一些业务处理环节增加了系统自动处理技术，如电子文件版本信息的自动跟踪、电子文件处理过程中的责任链信息的记录、基于管理规则实现的电子档案的自动标引等，都大大地提高了业务处理工作的自动化程度，减少了人工操作的复杂程度。由于这些自动化的处理过程是通过系统进行身份认证之后自动生成并保存记载的，因此，大大地提高了电子文件整个生命周期活动中信息记载的真实性和完整性。

（五）归档工作的及时性

通过对文档一体化应用系统的广泛使用，档案工作者能够随时对归档范围内的、已经完成现行期使命的文件实行鉴定、整理、归档和提供利用等工作。一旦电子文件的形成机构确认该文件已经结束现行期的历史使命，就完全能够实现即时归档、即时鉴定，避免以往通行的隔年归档中存在的各种问题，如丢失、泄密、滞后等。

（六）安全管理的有效性

文档一体化，一方面使电子文件归档过程变得简单、快捷，自动化程度高；另一方面使人们对电子档案原始文件与档案目录数据实现了同步管理，最大限度地减少了人工的干预，不仅提高了归档工作的效率，更重要的是极大增强了归档过程的规范性和安全性。至于网络和信息系统带来的安全风险，是能够通过采取各种现代技术手段得到控制和加强的。

二、文档一体化实现方法

文档一体化管理系统的建立离不开计算机与网络技术的支持。现代化的办公系统要求文书与档案工作紧密衔接，实现办公信息的传递、存储、查阅、利用、收集的现代化和自动化。由于受我国文件和档案分开管理传统模式的束缚，迄今为止，办公自动化系统与计算机档案自动化管理系统是两个相互独立的系统。

目前，不少名为“文件和档案管理一体化的信息系统”，其实也只是将文件管理和档案管理并列，而非真正将数据集成在一起，仅仅是将办公自动化系统产生的数据自动导入档案管理的信息系统，这绝非真正意义上的文档一体化管理系统。文档一体化要求对归档文件的真实性、完整性、有效性要在文件产生阶段就要加以控制，鉴定、编目、著录、标引等工作也要在文件产生和处理阶段进行。因此，研发能够覆盖电子文件全部活动，实现文档状态记录和全过程管理的集成系统，将部分“档案管理工作”前置到“公文处理工作”中的文档一体化计算机管理信息系统，是实现文档一体化管理的关键。

从文件产生到利用的生命周期角度看，文件与档案的关系决定了它们具备实行一体化管理的条件。一方面，现行文件与档案是一个具有内在联系的整体，它们的物质形态、内容主题以及本质结构都是相同的，均是附在有形物质上的信息，其区别仅在于文件是现行文件而档案是历史文件，从现行文件变成历史文件，是一个顺序完成的过程。显然，归档文件与档案只有文件所处阶段的区别而无本质的不同，对处于不同阶段的文件实行一体化管理，是社会发展的根本要求；另一方面，文件形成、处理部门与档案部门只是分别管理处于不同阶段的文件，在文件的产生、流转、审批阶段，文件处于不停地流转过程中，所以需要分散保存和管理，这有利于随时查用和迅速运转。文件分散保存的任务主要由文件产生部门承担。当文件运动周期完成以后，文件就处于“休眠”状态，这时需要集中整理后并归档保存，这样既有利于档案的完整、安全和科学的管理，又有利于向社会各界提供查询利用，这就需要有一个服务机构即档案馆进行统一管理。因此，文件形成与处理部门和档案馆二者都是为了存储、传输和利用文档信息而存在。

从系统学的角度看，文件和档案的管理是一个完整的信息系统，在这个信息系统中，文件质量的好坏直接决定着档案的质量，档案的质量又对未来文件的形成、收集和整理归档产生推动作用，二者的关系十分密切，相互关联又相互影响。因此，把文件和档案纳入一个统一的系统内进行管理，既有利于文件与档案信息资源的系统化优势的发挥，又符合档案馆现代化管理的快速发展需要。

（一）文档一体化系统业务流程

文档管理的实际办公过程比较复杂，有保存价值的电子文件经过整理、鉴定、审核、移交、归档到档案部门管理后，形成电子档案。

（二）文档一体化系统功能结构

通常情况下，文档一体化管理信息系统的功能包括系统维护、收文管理、发文管理、归档管理、文印管理和档案管理。这几个模块相互关联，内部信息集成化共享，真正实现了电子文件到电子档案的自然归档和一体化管理。

（三）电子文件网络化归档的真实性保障方法

整个过程包括电子文件归档产生的数字化档案信息的形成、归档、管理和利用四个重要阶段，每个阶段都需要采取各种策略和方法保障档案信息的真实性。

现行的电子文件是增量数字档案的原生信息，这个阶段档案信息真实性保障的主要责任人是电子文件连续被处理的多个现行业务工作者，信息系统中常采用的技术保障措施是电子签名、日志跟踪、计算机处理等，在信息系统中记录和保存电子文件的形成、流转、审批到结束现行期业务全过程的原始信息和变动信息，形成电子文件的多个过程版本，并在终稿完成后，在档案专业人员的指导下，及时开展电子文件的归档工作。电子文件在现行期的任务结束后，其真实性风险因素主要包括人为原因造成修改或者网络黑客有意篡改系统中记录的原始信息、过程信息和终稿内容。因此，保障真实内容的安全方法是建立电子文件的终稿转存库，实现电子文件从现行期系统中自动转入半现行期地提供利用的信息系统中，加强管理，增强系统的自动化处理功能，采取各种有效措施确保终稿的电子文件不被任何人修改。因此，现行电子文件所生成的办公自动化系统应采用电子签名技术，加强对访问该系统的用户身份的认证，在文件终稿形成并进行发文或归档前加盖电子公章以避免被修改，这正是对《中华人民共和国电子签名法》的具体实施。

进入归档阶段的电子文件，如果采取网络化归档方式，应重点防范网络上非法访问的篡改行为以及网络传输过程中数据被修改的可能性。这个阶段，建立客户信任的专网传输通道是必要且有效的，利用公网传输的用户可以考虑采用 VPN 技术实现网络化归档，充分采用 VPN 的数据加密、身份认证、访问控制、隧道封装技术等，以保障档案信息从信源真实地传送到信宿。对于密级较高的数据，采取介质归档比较稳妥。当然，这个过程中，归档单位对档案人员工作的管理制度和规范化操作要求依然是非常重要的。在这个过程中，档案专业指导人员的重点在于监督执行，并严格控制由于人工原因造成的失误。

电子文件归档后进入档案及其信息的接收、维护和综合管理阶段，档案馆接收的电子文件应具有法律依据，《中华人民共和国电子签名法》规定了电子签名的有效使用方法。因此，档案形成单位在移交电子文件时，需要采取法律上认可的电子签名、电子印章等方法保障准备移交的电子文件的真实性，档案馆在接收档案时应首先验证电子签名、电子印章的合法性，并将归档的信息与电子文件终稿转存库中的信息进行比较，在核实真实完整后，才能正式接收电子档案并将其迁移到档案馆的信息管理系统中，此时还需要在实行物理隔离的档案信息的灾难备份数据库中新增当前的档案信息，然后再开展维护管理和提供利用等工作。

提供利用的档案信息按照档案法、国家保密法规和档案保管条例，一般只在网上提供公开档案信息的服务利用，在档案工作人员严格依法和规范化操作的前提下，破坏档案真实性的风险因素主要来自网上非法用户的恶意篡改、病毒攻击等，因此在提供档案信息网络化利用时，除了加强网络安全防范措施外，还需要对公开档案信息采取灾难备份，并定期对网上提供利用的开放信息进行真实性核对。

由此可见，档案馆制定各个阶段电子文件真实性保障的规章制度将贯穿电子文件生命周期的整个活动过程，建立物理隔离的电子文件终稿转存库和档案信息的灾难备份库是保障档案真实性的有效措施，虽然会增加信息化系统的运行成本，但在确保档案信息真实性方面是非常有效的，也是可行的。

三、文档一体化深化应用的要求

（一）提高认识、统一思想是文档一体化管理的基本要求

文档一体化的实质是将机构各部门相对分散独立的文件与档案统一为一个有机的整体进行管理。这不仅能够加强档案部门对文件管理的超前控制，保证档案的质量，而且能够实现文档数据的一次输入，多次利用，减少重复劳动，节约人力、财力、物力和时间。然而，要想真正实现文档一体化管理，对档案工作者而言，特别是档案部门的领导，必须对文档一体化管理理念有一个全面、客观、科学的认识，并达成共识，使其充分认识到一体化管理的真正受益者是档案工作者自身，认识到文档一体化的必要性和紧迫性，认识到这是时代赋予当今档案工作者的使命，只有这样才能够顺利推行文档一体化管理，加强自觉性，使他们面对困难，不逃避、不退缩，勇于接受新鲜事物，逐步实施和应用文档一体化管理模式来开展各项业务。

当然，信息化工作是一个长期而复杂的系统工程，需要各单位投入必需的经费支持，这就要求各单位应加大对档案管理部门的投入，落实档案事业的经费，高度重视档案信息化建设，把档案信息化作为机构信

息化建设的一个重要内容来抓，统筹规划，同步发展，提高档案管理工作的质量和效率。

（二）加强电子文件管理的标准化与规范化

文档一体化管理，使电子文件与电子档案之间的关系更加密切，把二者放在一个综合的管理系统中，作为前后衔接、相互影响的子系统，统一地组织和控制整个文件生命周期的全过程。由于文件管理与档案管理的这种前后相承的关系，文件管理直接关系到档案管理的存在和发展，只有文件管理做到标准化、规范化，档案管理才能够顺利地展开。因此，必须强化电子文件管理的标准化、规范化，严格规范表达文件内部特征和外部特征信息的各项数据，为更好地推行文档一体化管理服务，作为档案工作者，应严格按照《档案法》和《电子公文归档管理暂行办法》，参考《电子文件归档与管理规范》，对现行文件管理过程提出各种标准、规范和具体实施要求，从而促进文档一体化管理的规范化和标准化。

（三）加强培训和继续教育，提升档案工作者的综合素质

文档一体化管理要求档案工作者不仅要具有档案学基础理论知识及专业知识，而且必须掌握现代信息技术，熟练运用计算机及现代通信设备来操作网络化管理信息系统，要求档案工作者不断地调整自己的知识结构，提高技能，加强综合素质的培养。因此，加强档案信息化咨询与培训，开展现代档案管理专业知识和档案信息化技术知识的继续教育，是档案部门必要的任务，也是实现文档一体化管理的保证。

第三节　档案资源多元化利用管理

一、档案资源的社会化利用

在信息社会和知识型社会迅速发展的21世纪，在档案信息化建设与发展的众多方面，无论是技术手段，还是信息资源的有效地积累和广

泛地利用，都必将以档案信息资源的整合、集成、共享、利用作为出发点和落脚点，以传承人类文明，共享信息资源，实现社会的可持续健康发展。

(一) 档案资源的知识化积累

档案的形成（鉴定、收集、整理与归档）是从个体知识到组织知识，再到社会知识转换的文化积累、动态跟踪的历史记载过程，档案的开发与利用（编研、开放、发布与利用）是人类传承文明、创新发展的进步与发展过程。这两者相互衔接、彼此推动的过程循环往复、推陈出新，构成了人类社会的知识化增长和社会化自适应的档案资源不断丰富的过程。这表明了档案文化通过“传承—积累—发展”这样一种类似于文化加工厂的生产工序，构成随人类自身的繁衍而形成民族文化生生不息的传承环链。

21 世纪初，我国的电子政务与各行各业的信息化进程已经进入了以知识管理为核心的快速提升和综合运营的重要发展阶段。信息技术的发展把知识管理推到了重要的位置，“以知识为基础的经济社会”的提法更表明了人们对知识和技术在经济增长中的作用有了更充分的认识。可以想象，未来的互联网是一个丰富多彩的“知识网”，是一个储存综合知识的文化资源大仓库。档案作为人类社会活动的原始记录者和忠实承载者，记录了人类社会成果的同时也揭示着人类文化，它是民族文化遗产的重要组成部分。同时，档案在文化传承中占据着举足轻重的地位，发挥着不可替代的作用，正如张辑哲在其《维系之道——档案与档案管理》中所说：“正是由于有了档案与档案管理，人类才能够不断地在继承中存在、发展，在存在、发展中延续，不断使自己真正成为一个连续的时空整体。档案与档案管理是人类社会时空统一性和连续性的维系之道……”。因此，档案资源必将会成为未来“知识网”中不可或缺的重要组成部分，世世代代传承着人类的文明。

(二) 档案资源的共享化利用

社会信息化使档案信息资源面临着一个全新的生存环境与发展空

间。档案应该记载人类生活的方方面面，档案工作者要创造一个反映普通百姓生活喜好、需求的全新的文献材料世界，档案馆藏是反映人类生活的广阔领地。因此，档案资源唯有回归社会，得到最大限度的利用，才能体现档案保管的价值和作用。实现档案信息资源的集成化管理和共享化利用是档案贴近公众、服务社会的最佳解决方案。

要实现档案信息资源的共享化利用，首先必须在档案基础数据库的建设上下功夫。档案基础数据库是建设数字档案馆和开展档案信息化的基础性工作之一，是实现档案信息资源的集成共享、统一管理、高效检索和方便利用的基础信息存储结构，更是国家信息资源数据库建设的重要内容。现如今人们处于信息技术快速发展的知识经济时代，国家城市综合服务资源库的建设是社会发展的需要，是加强政务公开、实现便民服务的一项基础性工作。我国已经在人口、法人、自然资源与宏观经济四大数据库的建设方面取得较大成效。档案作为人类社会活动的历史记载，档案资源的开发利用和档案基础数据库的建设是国家信息资源建设的重要组成部分。可以说，档案基础数据库的建设已经成为各级各类档案馆面向社会提供档案资源利用服务的基本职能，成为我国整合档案信息资源、弘扬民族文化、提高民族素质的历史性课题，同时也是档案工作者采用现代化手段记忆当今社会改革、建设、发展的真实过程，支撑社会经济发展的历史性责任和义务，更是政务公开、提高办事效率和促进科学决策的依据。

(三) 档案信息服务机制变革

随着全国各行各业信息化进程的加快，档案馆信息化应用也逐渐走向更广、更深的领域。档案信息服务将不再拘泥于传统的、单一的方式，将会有所创新，趋向多元化发展。

1. 服务方式由被动性向主动性转变

改变传统的被动服务方式，积极主动地开展档案信息服务。档案信息服务方式也必须考虑到档案的特性，档案信息的主动服务方式应该是“请客入门”。具体的措施包括：第一，开展针对档案利用者的利用需求研究，广泛、深入地研究不同方面、不同层次的利用者。第二，进行必要的档案宣传工作。第三，提供多种档案信息利用方式，编制多样化的检索工具，形成一个全功能、高效益的检索系统；加强编研工作，编研成果的出版发行及交流，能将档案价值的精华系统、全面、集中地向社会公布，向档案信息利用者提供有效的途径；拓展档案信息中介服务机构。

2. 服务手段由传统型向现代化转变

计算机网络技术、数据库技术以及多媒体技术的发展使得档案信息服务手段发生了巨大的转变。借鉴相关学科数字化发展的研究成果，实现档案管理现代化应借助于数字化综合管理信息系统，把分散于不同载体、不同地理位置的档案信息资源以数字化的形式储存，以基于对象管理的模式管理，以网络化的方式互相连接，从而提供及时利用，实现档案信息资源共享。我国是发展中国家，经济和技术条件的制约决定了档案管理手段转变的长期性，传统的档案馆信息服务技术与服务手段需进行一定程度上的扬弃，将以新的信息传播循环方式提供档案信息服务。

3. 服务内容由单一型向多元化发展

通过网络等信息技术与其他档案馆、信息机构及整个社会信息资源建立起紧密的联系。其信息服务将增加新的内容：诸如档案信息资源网络化组织管理、档案信息资源的网络导航、档案信息的数字化开发与提供利用、档案用户的教育培训等。例如，在档案利用者的教育培训方面，就要在对利用者进行传统档案检索和获取方式的培训的基础上，重点帮助利用者学会如何利用数字化的信息资源、如何选择档案信息数据库、如何从网上获取所需的档案信息、如何操作远程通信软件等。档案信息组织方式、检索方式、采集方式，较之其他类型的文献信息来说，具有复杂多样、技术含量高、对利用者信息能力要求高等特点，而我国熟练使用档案信息的人很少，所以对档案利用者的信息检索能力、信息获取能力、信息筛选能力、信息识别能力的培养是档案信息服务中的重要内容。

4. 档案资源由封闭性向开放性转变

在网络环境下，档案馆信息服务资源已不再仅仅局限于馆藏档案信息量等指标，而是着眼于档案馆获取档案信息、提供档案信息的能力。所以档案馆在充分开发利用本馆馆藏档案信息外，还必须通过网络检索利用其他档案馆馆藏信息和网上信息资源，建立档案信息资源的现代化管理系统，将档案信息纳入计算机网络，从而达到最快捷的信息资源利用效果。通过网络等信息技术实现档案信息价值的最大化，并最终取得档案信息服务于社会的最佳效果。这需要一个过程，从单机操作到建立档案管理信息系统网络、连接有关信息机构网站，最终并入国际互联网。从我国现实情况来看，这将有一个长远的过程，然而这必将是档案馆信息服务发展的终极目标。

5. 档案资源由单一性向多样性转变

档案馆提供的单一信息服务的资源是以收藏纸质档案为主要内容。在网络环境下，档案馆综合信息服务模式的服务资源则要朝着多种载体形式并存的方向发展，包括各种电子文件、光盘、多媒体、缩微载体和声像载体等，尤其要增加数字化馆藏资源的建设。网络环境下的数字档案馆所拥有的完整的馆藏含义应该是“物理实体馆藏＋数字化馆藏”。我国档案馆在档案信息数据库建设方面的任务是：在保留传统档案文献的基础上，通过协作与协调，在一定程度上对馆藏资源进行数字化，将各馆独特价值的馆藏文献数字化，制成光盘或上网传播，使各馆上网信息独具特色，并在此基础上形成一个档案信息网络。

（四）档案文化产业的形成与发展

全球经济一体化使得档案文化产业的形成具备了充足发展的条件，但要真正发展起来，形成以档案文化产品为服务对象的产业化服务，还需要根据我国档案事业发展的具体现状，适时、适度地开展，同时也需要看档案从业人员和相关领域的工作人员能否抓住机遇，迎接挑战，开展各项有益于社会发展的档案文化宣传和利用活动。当前，我国的档案事业已经在以公益性档案服务事业为主的基础上，开始了商品化档案文化产品市场的开发与发展，这是适应全球经济发展的重要举措。然而，为适应社会的进步与发展，我们还需要进一步在档案事业和档案科学领域中不断地探索和思考，不断地创新和发展。

1. 更新观念，关注现实，按照先进文化的理念管理档案

按照先进文化的理念管理档案是摆在我们面前的极其重要的任务，也是历史赋予我们的重任。在理论上有所突破的同时，更应关注现实实践的探索与应用。就档案文化产业的功能而言，主要体现在利用档案资源为人类各种活动提供的服务上；其服务的对象应该有社会性和广泛性，应该包括对社会各阶层、各领域的服务。当然，这种服务有一部分应该是有偿的，但其公益性决定了必须是微利的。事实上，档案的有偿服务已经在档案利用方面体现出来。可以预言，今后可能有多种收入渠道建立起来。档案有偿服务是一个十分复杂的问题，盈利在现阶段很难作为档案文化产业建立的前提，档案文化的发展也不可能靠档案部门自身的有偿服务来维系。

2. 以政府改革为契机，调整工作体系，转变职能，创新档案文化发展体制

档案管理体制改革势在必行，应以政府改革为契机，调整档案工作体系，转变职能，适应知识经济时代档案文化发展的需要。可以考虑将学会改为协会，发挥协会工作制的积极作用，将教育培训、沟通协调、评估等协同工作交给协会来开展。政府要把档案工作列入经济社会发展计划，各地方或专业协会的职能要用法律形式固定下来，以协会为纽带，以档案馆（室）为实体，加大档案局的执法监管力度，重构新型的档案管理工作体系。从功能上讲，档案局的工作重点放在如何保证国家对档案的依法管理和国家对档案资源的所有权，主要职能是要体现依法监管和服务。档案协会是以服务为主、监管为辅的行业组织。档案馆是档案工作实体，作为协会成员，应履行会员义务，缴纳会费，得到协会提供的服务，并接受协会监管。同时，协会也是档案工作或从业人员利益的保障组织，在“依法治档”和保守国家秘密的前提下开展活动。

3. 以信息化为手段，促进档案行政管理体制改革

现行的档案上解制度、馆藏优化工作是长期未解决的重大课题。信息化工程的实施可以将档案的实体管理与信息管理实现物理分离，改变或取消多年沿袭的档案上解制度，仅此一举，就能为档案工作节约巨大的人力物力。在目前情况下，档案信息的网络服务则能从根本打破多年来档案重保管、轻服务的现状，根本改变人们对档案工作的认知程度，这对开发档案信息资源意义十分重大。我国信息化的理论和实践都证明，在实现管理机构的扁平化、提高行政效能等方面，信息技术起着重要的能动作用。就行业特点来讲，档案也是发挥信息化功能的最好应用领域之一，依靠信息决策依然是档案高层管理的主要理念，特别是办公自动化与电子文档管理的集成，现在和将来都是政务与企业信息化的重要方面。档案信息又成为各类数据仓库与决策支持系统的基础数据组成部分，为电子政务所必需。

4. 开展旨在建设先进文化的各类档案收集、利用、宣传、服务活动和项目

当前我国档案文化产业活动主要依靠政府财政拨款的支持，在一个较长的时期内，仍会以这种方式为主。目前，各类档案文化活动相继开展，如教育、展览等活动取得了比较好的社会效益。重大事件和个人档案的征集工作也有新的突破，但在认证服务和各类提供凭证性的服务工作中，作为档案部门的特色服务方面仍无章可循，存在很大的随意性。在现有机制下，档案的收费服务规定也不统一，主要是科技、教育及文化档案本身的市场化利用没能反映知识产权的价值。在以后的改革和新的管理体制下，这些方面应该有所突破。今后，在档案服务方面，通过网络计算机提供的档案信息服务将成为档案文化服务的主流，这种服务无疑是面向全国经济的各个领域，其范围也将是全国化和国际化的。

5. 提高档案工作人员或从业人员的综合素质

提高档案工作人员或从业人员的综合素质是档案文化得以发扬光大的关键。近年来，档案人员文化素质的变化很大。但是改变档案人员

“档案保管员”“资料保管员”的形象以适应现代社会发展，还需要一段较长的时间。档案工作者应该具备所在行业的普遍性常识和档案管理的专业知识，要掌握信息化知识、基本的计算机操作技能和数字化档案的管理与备份技巧，又要有文化产业要求的市场开发能力和服务能力，达到信息时代的公务员与文化工作者的双重要求。这无疑是对现在档案工作者的挑战。

当前，我国正处在以档案文化产业政府监督与资助下的公益性档案服务事业为主、以商品化档案文化产品市场为辅的格局中，各级政府和档案部门正积极筹划，以深化改革为契机，把档案文化推向社会，推向市场。相信将来有一天，人们必定会迎来一个档案事业发展的新时代。

二、馆藏档案数字化应用

为适应公众网络化查档和档案信息化管理的多元化需求，馆藏档案数字化和开展数字化应用系统的建设已成为现代档案管理的一项重要内容，对档案工作者而言，这也是一项全新的任务，需要在充分认识到馆藏数字化重要性和必要性的基础上，采取有效的策略和方法，开展馆藏档案数字化系统的建设和利用。

（一）馆藏档案数字化的意义和任务

档案作为一种特殊的文化资源，是国家信息资源的重要组成部分，它的开发与利用具有非常广泛的社会价值和实际意义。馆藏档案数字化工作主要包括两项任务：一是将传统载体档案目录进行数字化。二是将档案内容进行数字化。

档案目录数字化的主要工作是对载体档案进行编目，并将目录信息录入到计算机系统中，建立档案目录数据库，利用管理信息系统实现档案目录数据的计算机化管理和目录信息的资源共享。档案内容数字化的主要工作是将馆藏的纸质、照片、录音、录像、缩微等档案通过扫描、加工、处理（包括去污处理、图像处理、OCR 识别等），转变为文本、图像、图形、流媒体等数字格式的信息，存储在网络服务器中，利用计算机及信息系统提供查询、检索和浏览。

（二）馆藏档案数字化的思路与方法

“一切为了用”是开展馆藏档案数字化的主要目的。这就说明了档案馆工作人员不仅要开展档案目录信息的著录、馆藏档案内容的数字化加工与扫描，更需要建立一整套完整的综合业务管理信息系统，加强数字化后的档案信息的利用服务工作。

1. 做好馆藏档案数字化的前期基础工作

需要对哪些档案进行数字化、采取什么方法来开展、数字化加工需要购买哪些设备，除此之外还需要做哪些准备工作以及如何做等，都是馆藏数字化的前期基础性准备工作。

（1）做好可行性论证

要根据档案利用的需要、资金情况、馆内人员知识结构、馆内软硬件平台、馆内信息化应用现状等基本状况，在充分了解和认识馆藏档案数字化系统建设的复杂程度和技术要求之后，做好馆藏数字化系统建设的可行性论证工作，确保系统建设自始至终不被中断，确保数字化后的档案信息能够真正使用起来，见到实效。

（2）选择数字化加工方式

数字化是保管档案过程中所做的一项技术性较强的现代化处理工作，这对习惯了传统管理工作的档案工作人员来说，具有较大的难度。因此，需要提前做好规划，明确系统建设的实施方案。主要包括：馆藏档案数字化系统分几个阶段完成，每个阶段的任务和目标是什么，应对哪些档案做数字化加工和处理，数字化加工处理过程中的安全控制、进度控制、质量控制和成本控制等过程中应采取的方法与策略，数字化后的档案信息如何与现有的计算机信息系统实现集成，如何发布档案信息以提供利用，如何解决备份和长久保存等问题，这些都需要提前做好解决方案，并在档案工作人员和数字化加工协作人员之间达成共识后，才能开始工作。

对馆藏结构、馆藏量、馆藏利用量、馆藏档案年度、馆藏档案受损情况、档案存储介质、各存储介质的寿命等综合因素进行深入的分析，围绕档案永久保存特点、用户快速查档和高频查档的要求进行深入的研究，按照档案利用率和档案的紧急保护程度对库房档案进行量化分析，获得按年、季、月进行排序的需要进行数字化处理的档案案卷数量、纸张数量、纸张大小以及声像和缩微胶片的档案数量等，并以此来提出对购买设备的种类、数量和性能的要求。

如果档案馆内有缩微品档案且数量比较大，以后还会有进馆的缩微档案，就需要考虑是否在馆内购买缩微扫描仪，以解决长期的缩微品数字化的问题；如果数量很少而且以后也不会有缩微档案进馆，那么就不需要购买专用设备，可以考虑采用一次性的外协加工方式。录音、录像档案数字化方案也采用同样的分析方法，根据具体情况考虑是否需要购买专用设备并建立数字化加工流水线等事项。

多数档案馆藏以纸质档案为主，因此，建立纸质档案的数字化加工流水线几乎成为必须，当然各档案馆（室）也可以根据自己的实际情况，不购买扫描设备，采取分批分工的外协加工方式，只需要将加工后的数字档案信息进行科学管理、利用信息系统提供服务利用。这也是一种推荐的馆藏档案数字化加工的解决方案，特别是在数字化加工量比较大时，即便是在馆内建立数字化加工流水线，如果没有聘用足够的扫描加工工作人员，单靠档案馆内部工作人员很难在短时间内完成加工任务，达到良好效果，而专业化外包加工服务能够在保障质量和安全的前提下快速地完成任务。

(3) 筹备和落实资金

数字化加工的任务单靠档案馆的人力很难完成，往往需要采取商业化的运行模式或外协加工。另外，加工完成后，还需要购买网络化存储设备提供档案信息服务与利用，需要购买各种存储介质进行数据备份，而且数字化加工过程还需要购买保障安全的监控设施和扫描设备，系统实施后还需要聘用系统管理和数据管理人员开展大量运行与维护工作。建立馆藏档案数字化系统需要的资金大概包括：扫描并且进行全文数字化加工的费用；数据发布系统的购买费用包括全文检索、模糊检索、多分类系统、图文关联、元数据编辑器等功能；购买服务器的花费；进行馆内人员培训、引进网络管理员和系统管理员等都需要资金。因此，在进行馆藏档案数字化之前，应在资金准备上给予充分重视。

2. 确定数字化加工的协作模式

档案内容数字化工作包括数字化预加工和深加工两步，预加工是能够将纸质档案、照片档案、缩微胶片等转变为电子图像文件，不能将纸质档案上的文字信息进行完全处理，深加工则是利用技术含量较高的OCR和语音识别等处理技术获取载体档案中的文字信息，以利于提供全文检索。

馆藏档案数字化工作量大，涉及扫描加工、图像处理、数字信息存储与管理、OCR自动识别等技术，仅依靠档案部门的力量开展系统建设是很困难的事情，为解决这些难题，档案馆要做好的工作包括：在系统建设之初就需要开展需求调研与分析，考虑需要购买哪些硬件设备和软件支撑系统以及系统能够实现的自动化程度等，这必然需要开展大量的咨询、诊断和分析等工作，聘请有经验的、开展数字化加工的专业服务机构来协助档案馆开展系统规划是非常必要的。开展数字化加工，首先要建设一个能够支持加工过程各环节进行数据管理的信息系统，然后再基于该系统有条不紊地开展工作，只有熟练操作和使用各类数字化设备的加工服务人员才能确保速度快、质量高，确保工作的有序开展。数字化加工完成后，生成的各类电子图像、原文信息、档案目录数据等都需要做关联处理，需要以光盘或者网络存储方式进行发布。信息发布本身又是一个系统，需要专门开发，如果采用成熟的软件将会大幅缩短数字化后的档案数据的呆滞时间。目前，市场上开展数字化加工的专业IT公司已经在信息系统建设、加工流水线、安全保障等方面开展了大量的工作，积累了较为丰富的经验。借助这些IT公司的力量来开展馆藏档案数字化是一个省时、省力、省钱且相对安全的高效方式。

3. 保障数字化档案信息的真实性

在馆藏档案数字化过程中，数字化档案信息的真实性、完整性保障主要体现在档案实体的扫描加工和档案目录的数字化两个方面。

(1) 扫描加工过程中的真实性保障

馆藏数字化档案信息在其形成、管理和提供利用的过程中，制定保障档案信息真实性的规章制度是非常重要的管理措施，各个阶段的安全保障侧重点不完全相同。

在数字化加工的档案信息形成阶段，加强对数字化加工人员的管理是非常重要的，其中最重要的是，不允许将档案带出加工基地。另外，数字化承包商为了保证信誉也需要制定严格的加工基地管理措施，多采用半军事化管理，流程化、自动化，岗位责任制等用以强化管理、反抄袭的管理模式，杜绝档案信息在处理过程人为外泄。在档案信息形成阶段，信息真实性的风险表现为技术上的不成熟因素，如扫描过程信息丢失，图像到文字转换过程中产生错误识别等因素，因此采取较高的技术手段是完全可以保障信息真实性的。由于每个过程、每个岗位都会将数字化后的档案信息与档案原件进行比较，参与加工的人员主要从事体力劳动，一般不雇用文化程度较高的人员，他们对档案也不是很了解，甚至无心了解，因而，这个阶段档案信息真实性的保障主要是采取先进的技术手段来减少误差。

(2) 数字化档案目录信息的真实性保障

数字化档案目录信息一般都存储在数据库文件中，它的安全性主要取决于数据库管理系统自身的管理能力，它的真实性主要取决于档案管理员“依法管档”的严格程度。这一部分数据是管理人员根据档案原件提取出来的、用来描述档案原件核心内容的元数据信息（也可能是电子文件自动归档过程中通过预先设定的规则自动生成的、描述文件属性的元数据信息），这一部分信息并不像档案原件那样具有凭证性作用，它只是为了方便管理和快速检索而形成的，并且在以后的管理过程中某些信息可能会改变。因此，它的真实性并不像人们对档案原件数字信息的要求那样高，但为了不产生负面影响，要求档案目录信息的著录人员应依据档案管理学理论，按照档案著录的标准和规范严格要求自己，严格保障目录信息的真实性，从而更有效地提高档案的检索和利用效率。

4. 加强数字化档案信息的整合与集成

馆藏档案数字化和电子文件归档后，产生了大量的数字化档案信息，如果只将其刻录于光盘或存储在磁盘中，不提供系统化的档案利用服务，是错误的和无意义的，也不是馆藏档案数字化的真正目的所在。一些档案馆在开展数字化之前就使用了档案管理信息系统来管理档案的目录信息，并在馆内提供档案目录信息的检索服务，也有一些档案馆在开展数字化的同时也建立起电子文件归档系统，收集电子文件并整理其目录信息，还有些是将馆藏档案数字化作为档案信息化的启动工程。但无论是哪种情况，都需要处理好当前档案馆面临的电子文件归档、馆藏档案数字化和对传统载体档案管理的业务关系，将这三项主要工作形成的数字化档案目录信息和档案内容对象实行同步管理，对于电子档案有纸质备份的或纸质档案有数字化拷贝的，都需要做关联处理，做到同一档案内容的一致性管理。否则，在档案馆分别建立电子文件管理系统、馆藏档案数字化管理系统、纸质档案管理系统，必然会造成系统间数据重复甚至不一致，从而增加管理的复杂程度。

第七章　电子文件管理与纸质档案的数字化研究

电子文件是社会信息化发展的必然结果，其产生具有深刻的社会背景和技术基础。自20世纪中叶起，计算机的问世带来了信息处理方式的革命，在此过程中，以数字编码形式记录信息的新型载体应运而生。为了便于档案信息的收集、保存和开发利用，必须运用先进的信息技术来改造和改善原有模式。利用数字图像处理技术等现代化手段，对纸质档案进行数字化管理，成为当今档案信息化建设的重要内容。

第一节　电子文件的计算机管理分析

一、电子文件的概述

（一）电子文件的概念

电子文件是国家机构、社会组织或个人在履行其法定职责或处理事务过程中，通过计算机等电子设备形成、办理、传输和存储的数字格式的各种信息记录。电子文件由内容、结构和背景组成。作为一种新兴的文件形态，又直接形成于信息化系统，电子文件不仅是组织和处理机构日常工作的工具，而且可以作为信息化环境下机构工作的历史记录和活动凭据，也是国家的宝贵文化财富和社会的重要信息资源。因此，对电子文件进行及时归档、移交并使之得到长期保存势在必行，应当成为档案信息化建设的重要内容。

电子文件的种类多样，按照信息存在的形式，可分为文本文件、数据文件、图像文件、影像文件、声音文件、程序文件、多媒体文件、超文本文件、超媒体文件等。

(二) 电子文件的技术特点

从泥板、石刻、甲骨、竹简到纸张，当文件记录在这些传统载体上时，人们形成、管理和利用文件时无须他物，人与文件之间的关系是直接的，如图7—1所示。而到了电子文件时代，这种直接的关系被打破。计算机系统是文件无法离开的生存环境，人对文件的一切行为都需要借助于系统才能实现，只有通过特定的程序才能记录、修改、办理和阅读文件内容，如图7—2所示。

图7—1　传统环境中人与文件的关系

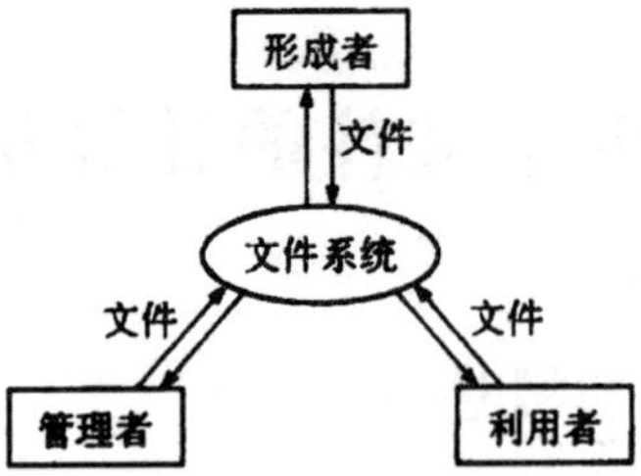

图7—2　电子环境中人与文件的关系

相比传统载体的文件，电子文件具有许多新的特点，这些特点皆因技术系统而生，故而称之为技术特点。这些技术特点对电子文件管理提出了新的要求，产生了深远的影响。在一定程度上，电子文件管理方法和理念的变革源自于此。电子文件的技术特点主要有以下几点：

1. 信息的非人工识读性

在计算机系统中，信息以数字代码表示，与人的肉眼所视完全不同，不同类型的信息有各自的编码方案。只有通过特定的程序对这些代码进行解释还原，人们方可识读和理解。电子文件信息的非人工识读性对管理工作提出了一个基本要求：为了能够使用电子文件，首先要保证它可以识读。

信息的非人工识读性表现在两个方面：一是电子文件使用了人们不可直接识读的记录符号——数字式代码，即将输入计算机的任何种类的信息都转换成二进制代码。对于这种经过复杂编码的二进制代码，人工无法直接破译它的含义，只有通过计算机特定的程序解码，使之还原为输入前的状态，才能被人识读。所以，电子文件在给人类带来极大方便的同时，也使其内部实现机制变得越来越复杂。二是电子文件存储在载体上，人们无法直接通过载体阅读，必须通过计算机等设备显现，才能识读。

2. 信息的系统依赖性

电子文件信息的系统依赖性有两层含义：其一，在一般意义上，电子文件的形成、处理，以至归档后的全部管理活动都必须借助于计算机系统才能实现；其二，电子文件信息在显示输出时依赖于特定的计算机系统，那就是其形成系统，与形成系统不兼容的计算机和应用软件则无法打开文件。

3. 载体的可转换性

载体的可转换性亦称“信息与特定载体之间的可分离性”。传统载体的文件，信息一旦生成，即被固定在某一载体上，二者结合为“原件”。电子文件中则不存在实体意义上的原件，它可以根据需要在不同的载体上同时存在或相互转换，不同载体上的信息，包括字体、签名、印章在内，则可完全一致，载体的转换并不会影响到电子文件信息的原始性。由于磁性载体和光学载体寿命短，对于电子文件而言，转换载体是必需的。正因为如此，对于电子文件，人们往往用“真实性”的概念来描述其信息的原生特性。

4. 信息的易变性

造成电子文件信息可变性的情况很多。首先，计算机系统中信息的相对独立性使得对信息的增删更改十分容易，而且修改之后看不出任何改动过的痕迹；其次，电子文件在形成、归档、管理和利用过程中会形成大量的动态文档，而动态文档中的数据不断地被更新或补充，以反映最新情况；再次，存储载体和信息、技术的不稳定性。新的信息编码方案、存储格式、系统软件不断地出现，对电子文件的稳定性产生了巨大的冲击，新的系统要求将电子文件转换成某种标准格式或新的文件格式，往往会造成电子文件信息的损失、变异。

5. 信息存储的分散性

电子文件信息存储的分散性表现在两个方面：其一，一份电子文件的内容、结构和背景信息分散保存。其二，一份电子文件的信息可能来自其他多个文件。电子文件信息分散存储，在归档保存时容易出现部分信息缺失的情况，影响文件质量及其功能的发挥。

6. 信息存储的高密度性

电子文件的信息存储密度大大地高于以往各种人工可识读的信息介质。过去一个几十平方米库房中的档案信息量，现在则可能十几张光盘就可以承载，这极大地节约了存储空间。随着技术的进步，电子文件介质的存储密度还将继续加大。然而，存储的集中也意味着风险的集中，载体一旦受到侵害，损失就可能很大。

7. 多种媒体信息的集成性

电子文件可以将文字、图形、图像、影像、声音等各种信息形式加以有机地结合，形成“多媒体文件”。这种文件将文字、图像、声音等表现媒体融为一体，图文声像并茂地展示，能够更加真实地再现记录的场景，从而强化了档案对社会活动的过程记忆和生动再现功能。

8. 信息的可操作性

相比被固化在传统载体上的信息，电子文件中的数字信息则是灵活、可变的，人们可以利用各种技术工具和手段。对之进行多种操作，如剪切、复制、粘贴、着色、压缩等，这为文件信息利用带来了极大的方便。经过相应的操作，人们可以使电子文件处于操作者希望的状态之下。该特点要求电子文件管理者更多地考虑用户的需求，为其提供便利，同时也要注重保护归档电子文件不被人为有意改动。

电子文件中的信息可以随时根据人们的需要，便捷、灵活地加以编辑、复制、删除，或进行多媒体合成，或按照特定的需要排列组合，或进行压缩和解压，或进行格式和数据结构的转换，或通过各种传播媒体传递给远程用户，显著提升人们对信息资源的管控能力和利用能力。

以上每一个电子文件的特点既是它的优点，也可能是缺点。管理电子文件的基本思路是：扬长避短、趋利避害，用新的管理理念、管理方法和管理技术，将其优势放大再放大，将其劣势缩小再缩小。

二、电子文件的归档

电子文件的归档就是将具有完整的背景信息和元数据的需要继续保存的电子文件，一并移交到档案部门保管。电子文件归档是我国归档制度中的一个重要方面，它除了要遵守传统文件归档的要求外，还要考虑到电子文件归档的特点。

（一）电子文件归档的特点

1. 归档时间前置

纸质文件一般在文件处理完毕之后的第二年完成归档。电子文件因其信息和载体的可分离性，随时面临着被篡改、被破坏的风险，因此在归档过程中必须贯彻前端控制和全程管理的原则。电子文件办结后就要及时归档。在设计电子文件管理系统时，就要考虑到归档要素和电子文件的真实性、完整性、有效性和安全性保障措施。

2. 归档形式多元互补

电子文件的归档形式分为在线归档和离线归档。电子文件的归档按照鉴定标识进行，各单位可以通过计算机网络进行在线归档，也可以将电子文件存储在脱机载体上进行离线归档。网络条件不符合国家和所在地区有关保密法律法规规定的单位，其涉密电子文件不能在线归档，只能离线归档。

3. 归档范围扩大

电子文件的特殊性决定了电子文件归档的范围有所扩大。纸质文件的内容、结构、背景信息是固化在纸张上的，而电子文件的三要素有可能是分离的，要保证电子文件的真实性和完整性，必须及时获取电子文件的背景和结构信息。因此，电子文件的背景和结构信息必须被纳入归档范围，形成电子文件的支持和辅助性文件。计算机、操作系统和应用软件的说明性文件也必须列入归档范围之中。此外，归档电子文件不仅局限于文字类文件，还应当包括图像、声音、视频及超媒体文件。

4. 归档实体移交与权责移交的分离

在线归档的出现使电子文件实体移交与权责移交出现了分离。传统文件管理中，文件的管理权是随着文件的归档由文书部门而转移到档案部门的，是实体保管者与信息管理者的统一。而电了文件的实体与其信息的管理权责却是可以分离的。电子文件的在线归档，使档案部门并不一定拥有电子文件实体，但仍可以实现对电子文件的掌控，从侧面反映了电子环境中档案管理的工作重点由实体管理向信息管理的转移。

(二) 归档范围

确定电子文件的归档范围时，应根据国家有关文件收集的规定要求，将反映机关单位主要活动、具有查考利用价值的电子文件纳入归档范围。归档前经鉴定为具有保存价值的电子文件是归档的主体，此外，还应该从以下几个方面考虑收集相关的材料：

1. 支持软件

电子文件具有软硬件依赖性，对于采用专有格式的电子文件，可归档文件的支持软件及软件的文档资料，档案部门已有的无须重复归档。

2. 元数据以及相关管理信息

描述电子文件内容、结构和背景的元数据都必须随着电子文件一起归档。另外，电子文件形成阶段的管理活动也可能形成一些记录材料，如更改单、登记表、使用权限登记表等，有些可能记录在纸张上，也应予以归档。归档之后应保持元数据、管理信息与文件的联系。

3. 其他载体形式的文件

在同一活动中，除了电子文件以外，有时还会生成纸质文件、缩微胶片等其他形式的重要文件，如上级机关的来文、外购设备文件等。为保持这些文件之间的历史联系，确保同一活动中形成的档案信息完整无缺，需要将之一同归档。有条件的单位可将这些文件作数字化处理，作为电子文件归档和保存。

具体来说，电子文件的归档范围主要有以下几方面：

第一，在本机构行使职能活动、业务管理及行政管理活动过程中形成的，有纸质文件对应的电子文件，参照国家有关归档范围和保管期限规定归档。对于需要保存草稿及过程稿的电子文件，需要按照版本管理的要求添加版本号，并和正本一并归档。

第二，在行使和拓展本机关职能活动过程中，利用信息系统产生的无纸化新型电子文件，如网站、电子邮件、微博、微信等电子文件，也要列入归档范围。

第三，各种数据文件，如数据库、图形库和方法库等。由于数据库是动态的，对于这种数据文件应定期拷贝，作为一个数据集归档。

第四，为保证电子文件的长期可读性，其支持软件，包括操作系统、应用软件及相关代码库、参数设置等也需要归档。

第五，有助于确保电子文件真实、完整、有效、安全的有关元数据、说明性材料也要归档。

第六，对于必须实行“双轨制”保存的电子档案，应归档相同内容的纸质文件，并在有关目录中建立电子文件和纸质文件之间的关联关系。

（三）归档方式

电子文件的归档方式有两种：物理归档和逻辑归档。二者的区别在于归档前后电子文件的存储位置是否改变。

1. 物理归档

物理归档是指把电子文件集中下载到可脱机保存的载体上，向档案部门移交的过程。物理归档类似于纸质文件的实体归档，这种方式将电子文件的保管权直接交给档案部门统一存储保管，该保管系统由档案部门统一维护，因此安全性比较高。

2. 逻辑归档

逻辑归档是指在网络上进行，不改变原存储方式和位置而实现的，将电子文件的管理权限向档案部门移交的过程。这种方法将电子文件仍然存储在形成文件的业务系统，但是归档文件的著录信息、存储地址及元数据应自动保存到档案部门的数据库中，以便档案部门对其进行控制。逻辑归档虽然不妨碍电子文件的共享利用，但是分散存储会给电子文件带来一定的安全风险，需要档案部门加强安全检查和督促。逻辑归档有以下两种类型：

(1) 电子文件存储在形成部门的服务器中

电子文件归档之后档案部门并不实际拥有文件数据，但负有管理职责，依照有关规定对其安全保管和合法存取进行有效地监控。电子文件保存在原系统中的时间是有限的，为减少文件形成系统的荷载，提高系统效率，并集中保护电子文件，还是应该定期将有用文件信息做物理归档。

(2) 电子文件存储在档案部门的服务器中

电子文件形成伊始就已经保存在档案部门本地，实现了数据的集中存储。采取这种逻辑归档方式的机构，应具备较为完善的网络基础设施和相对全面的系统规划设计。

无论是物理归档还是逻辑归档，都要实现电子文件的集中控制，保证电子文件的安全以及利用的便利。

(四) 归档时间

电子文件的归档时间分实时归档和定期归档两种。实时归档是指电子文件形成后即刻归档；定期归档是指按照机构有关规定，在电子文件形成一段时间之后再向档案部门移交。一般来讲，逻辑归档尽可能实时进行，以免发生失控；物理归档既可实时进行，又可与电子文件归档一样，借鉴纸质文件归档的经验并遵照有关规定定期完成，如管理性文件在次年年初归档，科技文件在项目完成之后归档，机密文件随时归档等。双套归档的电子文件和纸质文件，归档时间应尽可能统一。在实际工作中，无论采取何种归档方式，都存在提前归档的趋势，这有利于及时控制有用文件信息，保护其完整与安全。

（五）归档要求

归档电子文件的质量要求包括以下几个方面：

1. 齐全完整

归档的电子文件应齐全完整，凡是归档范围内的文件均应及时向档案部门移交。尤其应注意对相关电子文件的支持软件、元数据、管理信息、其他载体文件和硬拷贝的收集。

2. 归档范围和保管期限要求

电子文件应准确划分归档范围和保管期限，具有保存价值的照片、音视频文件和公务电子邮件等电子文件也应当列入归档范围；电子文件的正本、定稿、签发稿、处理单，重要电子文件的修改稿和留痕信息应当完整归档。

3. 双套制归档要求

具有永久保存价值或者其他重要价值的电子文件，应当转换为纸质文件或缩微品同时归档。定期保存的电子文件，由电子文件的形成单位根据实际需要决定是否采用异质双套归档。法律法规中规定不适用电子签名的电子文件，归档时应附加有法律效力的纸质签署文件。

4. 归档载体标签要求

存储电子文件的载体或装具上应贴有标签，标签上应注明载体序号、全宗号、类别号、密级、保管期限、存入日期等信息，归档后电子文件的载体应设置成禁止操作的状态。用作电子文件归档或电子档案保存的光盘不能贴标签，该标签必须用特制的光盘标签打印机打印在特制的光盘空白背面上。因为对于高速旋转的光盘来说，贴上标签会造成光盘高速旋转时重力不均和抖动，损坏光盘或光盘驱动器。没有光盘标签打印机的，可用光盘标签专用笔在光盘标签面上手工书写编号。

5. 真实性要求

电子文件形成部门须对归档电子文件内容的可靠性、稿本的准确性以及双套文件的一致性加以确认。

6. 完整性要求

确保归档电子文件和相关文件及元数据齐全，且关联有效。为了保障电子文件的真实、完整、有效，可以将电子文件的办文单打印成纸质文件与电子文件一并归档。

归档完毕，电子文件形成部门应将存有归档前电子文件的载体保存至少一年。

(六) 归档手续

为明确责任，电子文件移交双方应确认归档电子文件的数目、技术状况以及相关材料是否齐全，并在确认结果上签字盖章，保存备查。

三、电子文件的著录和开发利用

(一) 电子文件的著录

电子文件的著录，是指获取、核对、分析、组织和记录关于文件内容、结构、背景和管理过程的信息，以准确描述电子文件的过程。在电子文件管理中，著录信息即元数据。具体说来，著录项目即元数据元素，著录项目的具体数据即元数据元素的值，著录条目的格式即元数据格式，著录信息的编制即元数据的生成、捕获，著录信息的管理即元数据的管理，著录信息的应用即元数据的应用，著录信息的保存、维护和移交即元数据的保存、维护和移交。

1. 电子文件著录的特点

与传统著录相比，电子文件著录具有全面性、全程性、综合性的特点。

(1) 全面性

电子文件著录的全面性包括两层含义：其一，描述对象的全面性，具体包括文件内容、结构、背景和文件在形成后所经历的整个管理过程。其二，作用的广泛性，著录最基本的作用是描述电子文件，在此基础上可以有多种用途，除了挑选具有检索意义的著录信息编制检索工具之外，还包括保障电子文件的真实、完整、可读等。

（2）全程性

电子文件的著录不再发生于归档后的某一个时间点，而是贯穿于文件的整个生命周期。文件一经产生，其著录便已开始；文件一旦变化，其变化情况就被记录在案。

（3）综合性

电子文件的著录综合采用人工著录和系统自动著录相结合的手段。随着自动化程度的加深，人工直接著录将减少，系统自动著录将增加。电子环境中大多数著录信息都可以由自动生成或捕获，当然，不管自动化程度如何，人工控制是必不可少的。

2. 电子文件著录项目的特点

（1）内容类著录项目基本一致

两类标准基本上都包括文件题名、分类号、主题词、关键词等项目。

（2）结构类著录项目增多

结构类著录项目描述了与电子文件解码、输出相关的属性，除了稿本、文种等之外，元数据标准还规定了格式模板、媒体类型、数据格式、存储位置、系统环境、密码、数字签名等著录项目，这些项目为电子文件著录所独有。

（3）背景类著录项目细化

电子文件的背景类著录项目包括形成文件的职能活动、职能部门、工作人员、形成时间等行政背景，形成文件的法律依据等法律背景，以及文件之间的联系等。其中的人员、时间项目，则有可能根据文件的特点予以细化。如对于电子邮件，人员则可能包括发件人、收件人、转发者等。

（4）增加了管理过程类著录项目

在出台的所有元数据标准中，都设有管理史、保存史、利用史等项目，用来描述保存文件过程中鉴定、归档、销毁、迁移、移交、载体转换、利用等各项活动的时间、人员、处理结果和相关法律规定。这对于回溯电子文件历史原貌异常关键。

(二) 电子文件的开发利用

电子文件开发利用工作的内容较手工管理并无明显区别，信息开发工作包括分类、编目、编研等，信息服务包括提供利用、用户分析和反馈等。不过，在网络和计算机技术的支撑下，电子文件开发利用工作可借助的手段更多，信息的表现形式更丰富，利用的效率更快，当然，安全问题也更为突出。

1. 归档电子文件的利用

归档电子文件利用范围的确定，须有严密的审核批准制度，并严格按照批准的范围提供利用。归档电子文件的封存载体不应外借。未经批准，任何单位或人员不允许擅自复制电子文件。利用归档电子文件时应使用拷贝件，且应遵守保密规定。

2. 电子文件的检索

检索是最重要的开发利用工作，查全率、查准率的高低是决定用户满意度的关键因素。电子文件的检索工作，应满足以下要求：

(1) 实现目录体系的标准化

制定、遵守目录标准，既是共享、互换信息的需要，也是持续建设档案目录的要求，是一件利在长远的工作。尤其是进馆文件，标准化目录是档案馆提供无缝检索的数据基础。文件检索标准包括规定著录项目的数据内容标准、规定著录项目之间关系的数据结构标准以及规定著录项目取值的数据值标准。

(2) 提供多种检索途径

按照用户的使用方式，检索途径可以分为两类：一是主动式，即用户通过主动输入要查询的文件所包含的数据值来检索文件，如关键词、主题、时间、责任者、文种等。较为普遍的检索途径是关键词，关键词或者来自题名，或者来自全文。在关键词检索中，布尔检索是较为常见的检索方式，用户可以根据需要，对多个关键词进行逻辑运算，更精确地表达检索需求。二是被动式，即系统为用户提供分类体系，用户按照既定的目录结构层层搜索，直至发现所需的文件。完善的检索系统，应该同时提供以上两种检索入口。

（3）展现文件层次结构

文件的价值往往不单独体现在某一份具体的文件上，而是体现在一系列相关的文件整体上。电子文件检索系统，尤其是档案馆的检索系统应能展现从文件集合到单份文件的层次结构。这种按照文件来源组织而成的等级结构，体现了文件、档案管理者关于文件来源、文件形成背景、文件之间的内在联系等方面的专业知识，是文件检索的特色所在，其最大的好处是能够让用户获得所需文件的完整的背景信息。

四、电子文件的保管与移交

（一）电子文件的保管

手工管理中的保管是指对经过整理入库的档案的日常维护工作，一般发生在文件归档之后，基本方法是通过保护载体来维护信息的完整和有序。电子文件的保管则贯穿在文件整个生命周期之中，无法仅仅通过载体保护的方法来维护数字信息，工作内容和方法都较手工保管要复杂。

1. 电子文件的存储管理

存储管理的基本任务是为电子文件信息选择合适的存储设备（即载体）、存储方式和存储系统架构，并对载体实施保护。

（1）存储设备

①硬磁盘和磁盘阵列。硬磁盘即通常所称的硬盘，利用电磁信号转化来记录和读出信息。作为计算机系统中最常用的外存，其存储容量大，采用随机存储方式，存取速度快，数据传输率高，可靠性高。适宜作为在线存储介质。磁盘阵列应用磁盘数据跨盘技术，组合多个硬盘，使其协同工作。它容量极大，可以很好地满足多人在线并发起访问，安全性好，能够免除单块硬盘故障所带来的灾难性后果，为许多大型系统

所采用。

②磁带和磁带库。磁带是最早出现的磁存储介质。计算机系统最初多采用二分之一英寸开盘式磁带和四分之一英寸盒式磁带。磁带存储容量较大，成本低，以串行方式记录数据，存取速度较慢，通常作为硬磁盘可靠又经济的大容量备份。磁带库技术支持从装有多盘磁带的磁带匣中自动搜索磁带、拾取磁带并放入驱动器中，可实现数据的连续备份、智能恢复、实时监控和统计，整个存储容量可达数万 GB。

③光盘和光盘塔、光盘库。光盘采用激光技术写入和读出信息，主要包括只读光盘、一次写入光盘和可擦写光盘三种。其中只读光盘只能用来检索或者播放已经记录在盘上的信息，如 CD-ROM，CD-I、VCD、DVD 等。一次写入光盘可根据需要录入信息，但只能写入一次，一旦录入便不能再进行修改和删除。可擦写光盘允许反复擦写信息。光盘成本低、制作简单、容量大、体积小。一次写入光盘是档案部门常用的光盘类型。光盘塔由几台或十几台 CD-ROM 驱动器并联构成。可同时支持几十个到几百个用户访问信息。光盘库是一种可存放几十张或几百张光盘并带有机械手和一个光盘驱动器的光盘柜。它利用机械手从机柜中选出一张光盘送到驱动器进行读写，或将光盘取出放置到机柜的指定位置上。光盘库容量极大，适用于具有海量多媒体信息的存储。

(2) 存储方式

①在线存储。在线存储是指存储设备和所存储的数据时刻保持实时、快速访问的状态，通常选用硬盘、磁盘阵列作为在线存储设备，性能好，但价格相对昂贵。

②离线存储。离线存储也称脱机存储，存储设备和所存储的数据远离系统应用，无法直接访问。通常选用磁带、光盘等作为离线存储介质，容量大，价格相对低廉。需要离线存储的数据包括在线数据的备份，以及不常用的数据。

③近线存储。近线存储即近似在线存储，是介于在线存储和离线存储之间的一个存储级别，所采用的设备通常是由廉价磁盘组成的磁盘阵

列。访问量不大的数据可采取近线存储的方式。

（3）存储系统架构

信息化建设初期，若要访问数据，必须将存储设备与某服务器或客户机直接相连，这样的存储系统架构称为直接附加存储。随着对更高存取效率和更低存储成本的追求，出现了网络附加存储和存储区域网络这两种新的存储系统架构。网络附加存储将存储设备直接连在网络上，按照 TCP/IP 协议进行通信。存储区域网络将各种存储设备集中起来形成一个存储网络，以便于数据的集中管理。

2. 电子文件信息维护

（1）电子文件信息维护体系

可能危害电子文件信息的因素，除了质量受损的存储设备之外，还包括计算机技术自身的固有缺陷，病毒、木马等恶意程序，地震、洪水等天灾，火灾等，不合理、不完善的安全保护制度等各种因素。因此在机构和档案馆内部应构筑涵盖制度、管理、人员、技术在内的全面的信息维护体系，包括制定出完善的规章制度，合理分配和有效监督各类人员的管理权限，培训和考核人员，采用可靠的安全保障技术等。当然，广义上的电子文件信息维护体系还包括相应的法律规范和道德规范，这需要全社会的努力。

（2）电子文件信息维护的关键技术

①加密技术。加密技术包括对称加密技术和非对称加密技术两种。如果加密密钥与解密密钥相同，则为对称加密，又称私钥加密。对称加密技术的特点在于使用简单快捷，密钥较短但破译困难，但是存在密钥难以安全分发、难以管理等问题，不适用于开放系统，一般用于不在政府确定的保密范围之内的民用敏感信息。如果加密密钥和解密密钥不同，则为非对称加密，又称公钥加密。其中加密密钥可公之于众，称为公钥，解密密钥只有解密人自己知道，称为私钥。非对称加密技术的保密强度不及对称加密技术，但密钥管理、传递简单，适用于开放系统，且可用于数字签名。实际上两种加密技术也可以综合应用。经过加密的

电子文件一般应解密后保存。

②身份认证技术。身份认证技术旨在确认用户的身份，在用户进入计算机系统时验证其身份。身份技术包含口令认证、智能卡认证、USB Key认证、生物认证等。口令认证通过验证用户输入的用户名和口令来验证其身份，是最常见的认证技术。智能卡是一种内置集成电路的芯片，芯片中存有与用户身份相关的数据，用户登录时将智能卡插入专用的读卡器读取其中的信息，以验证用户的身份。USB Key是一种USB接口的硬件设备，它内置单片机或智能卡芯片，可以存储用户的密钥或数字证书，利用USB Key内置的密码算法实现对用户身份的认证，是较流行的一种验证方式。公钥基础设施是利用公钥加密技术提供安全服务的基础设施。生物认证技术以人体唯一的、可靠的、稳定的生物特征（如指纹、虹膜、脸部、掌纹等）为依据，通过图像处理、模式识别的方法来验证用户身份。这几种验证方法的成本依次增加，安全性也依次增加。

（3）权限控制

为保护国家和机构秘密、知识产权、个人隐私，需要在分析机构规章制度、业务性质、利用风险的基础上，合理定义各类用户、各类文件的访问权限，并在业务系统和电子文件管理系统中实现，以保证合法用户访问的便利，防止非法用户的恶意访问。权限控制应当尽可能细致，防止未经授权就对信息采取存取、收集、利用、公布、删除、修改和销毁等操作。

（4）长期可存取

长期可存取技术即保障电子文件长期可读性的技术，包括转换为开放格式、迁移、采用多格式阅读软件等。

（5）备份

备份是信息安全保障最重要的辅助措施，可为受损或崩溃的信息系统提供良好的、有效的恢复手段。备份不仅是数据文件的备份，在复杂系统中，还需要对数据文件所依赖的系统环境和应用程序进行备份操作。备份时需要根据相关制度确认备份的方式，确定备份的存储设备、套数，明确是否需要异地备份，备份最好自动执行。

（6）物理隔离

物理隔离是将不同网络相分离，保证其不相连，其目的在于隔断非法用户的访问链路。凡涉及国家秘密的计算机信息系统，不得直接或间接地与国际互联网或其他公共信息网络相连接，必须实行物理隔离。物理隔离技术发展很快，从最初的双机双网方案，到安装在计算机硬盘上的隔离卡，再到网闸这种独立的物理隔离设备，在保证两个独立主机系统间永不连接的条件下，内外网切换访问的便利性在不断增加。

（7）防火墙

防火墙是一种逻辑装置，通常处于机构内网与外网之间，通过监测、限制、更改跨越防火墙的数据流，限制来自外网的用户对内部网络的访问以及管理内部用户访问外界的权限，对外部网络屏蔽有关被保护网络的信息、结构，从而实现对网络的安全保护。但是，防火墙不能有效控制发生在内部的非法访问。

（8）入侵检测

入侵检测用于监控网络和计算机系统是否出现被入侵或滥用的征兆，可以阻断发生在内部的非法访问，是对防火墙技术的有效补充。

（二）电子文件的移交进馆

在我国，电子文件的移交进馆还没有成为一种普遍的、常规的管理活动。全国陆续开展的电子政务试点项目、电子文件中心建设、数字档案馆工程等开始了这方面的尝试，并取得一定的经验。发达国家电子文件移交进馆的实践历时要长，相对要成熟一些。

归档后，电子文件按有关规定移交至档案保管部门，作为电子档案进行集中保管，这是归档的最后实施环节。

1. 移交方式

电子文件的移交进馆主要有介质移交和网络移交两种，目前以介质移交为主。在政府专网已经建成运转的一些地方，则通过专网向档案馆移交电子文件。

2. 移交时间

移交时间分为定期移交和实时移交两种。采取介质移交方式的，一般是定期移交，而通过网络移交电子文件的，则可实时进行。由于文件形成时间尚短，一般未满10年至20年的进馆时间规定，所以已经进馆的电子文件，其纸质复制件一般仍保存在原单位。

3. 移交要求

移交要求主要集中在格式、载体规格和元数据这三个方面。

虽然都是出于保证电子文件长期可读性来考虑其格式要求，但各个国家、地区、地方档案馆对进馆电子文件的格式要求不尽相同。

电子文件元数据对于其真实性、完整性维护至关重要，各档案馆在这个方面的要求日趋严格和完善。为加强对电子文件信息的控制，应对原单位在电子文件移交进馆之后如何处理作出规定。

4. 移交检验

在接收电子档案之前，均应对电子档案及其技术环境进行检验，合格率达到100%时方可进行交接。

5. 移交手续

移交双方应对移交文件及相关材料的数量、质量进行核对审查，并签字确认。

第二节　电子文件管理软件及其应用

一、电子文件管理软件的开发进程及应用

我国档案信息化建设在探索实践中逐步成长推广，大体经历了如下发展过程：第一代档案管理软件产生于20世纪90年代初，基本上是单机版，并且只能实现目录管理；第二代档案管理软件出现于20世纪90年代中期，一般能支持网络环境中使用；第三代档案管理软件的形成全

面支持单机、网络、资料共享和资料加密；第四代档案管理软件应用于21世纪初，能更好地结合系统运行平台，确保系统的稳定性，支持多种操作系统，以及绝大多数品牌扫描仪、多媒体声像技术和光盘刻录。

二、电子文件管理软件开发中存在的问题

电子文件管理软件开发应用历经的多年中，在功能越来越强大的同时也存在不容忽视的问题，主要反映在管理、技术和人才三个层面。

（一）从管理层面看

在档案管理软件开发初期，由于计算机辅助档案管理标准化建设的滞后，加之人们主观认识上的差异，导致对档案管理软件开发的侧重点不同，致使档案管理软件在通用性、灵活性、安全性、稳定性等方面均存在一些不足。

（二）从技术层面看

以档案管理软件中关键字段档号为例，在目前应用的几套软件中也存在不统一的现象。

（三）从人才层面看

档案部门既熟悉档案管理专业知识、又懂得计算机专业知识的复合型人才稀缺。在实际应用过程中，档案工作人员对一般技术问题难以自行解决，依靠计算机专业人员处理的现象时有发生。

三、电子文件管理软件的功能要求

档案管理软件除了应具备的数据管理、整理编目、检索查询、安全保密、系统维护等基本功能，还应对辅助实体管理及用户特殊需求增扩其他相应功能。从实践中看，档案管理软件应具备以下六个功能：一是档案管理软件之间的数据兼容与吸纳；二是设置多种录入方式；三是各种档案管理软件形成的数据库，应当可以通过其他应用软件阅读；四是灵活处置档号、存放位置；五是逐步备份衔接功能；六是检索中条件设

置记忆功能。

总之，电子文件管理软件应当具备应用软件的通用性、灵活性、安全性、稳定性及可维护的基本功能，应全面考虑档案工作的各个环节，满足其基本要求。

第三节　纸质档案的数字化分析

一、档案数字化概述

纸质档案数字化，是采用扫描仪或数码相机等数码设备对纸质档案进行数字化加工，将其转化为存储在磁带、磁盘、光盘等载体上并能被计算机识别的数字图像或数字文本的处理过程。纸质档案数字化适应了信息时代的大趋势，能够降低管理的成本，增强对档案原件的保护，节约存储空间，优化馆藏结构，有利于档案信息资源的有效利用与共享。

(一) 纸质档案数字化的技术模式

每份文件的数字图像（或数字文本）必须与其目录数据建立联系才能有效地管理和利用，在技术上二者之间的联系方式有以下三种：

1. 目录数据与全文图像分体式

每份文件的目录数据与全文图像分开存放。目录信息存放于目录数据库；全文图像以文件形式按照预定的存储规则和命名规则存储于文件服务器。目录数据库记录中的一个字段用以存储对应全文图像的存储路径，在目录数据库中检出文件记录后，借助记录中的存储路径可链接、显示该文件的数字图像。

2. 目录数据与全文图像一体式

文件的目录数据与全文图像作为一条记录存放在同一数据库中，即将档案的数字图像作为文件记录的一个字段（大对象数据项）直接存储到数据库中。

3. 全文与目录数据合一、图像分体式

为实现对档案内容的全文检索，很多应用系统对于印刷清晰的纸质文件在扫描其数字图像的同时，还采用 OCR 识别技术将扫描后的图像文件转换成文本文件，并建立文本与图像页面之间的对应关系。

实际工作中，应采取何种模式实现档案全文的数字化，需要根据实际情况做具体分析，不应强行规定，在决策时要考虑的因素包括：拟数字化档案的数量、潜在的利用需求（查询角度、查询频度和查询深度）；档案部门的存储条件与网络设施；档案目录数据库建设情况等。

（二）纸质档案数字化系统的基本结构

纸质档案数字化系统是一套将大批量纸质档案扫描加工成数字图像文件的软硬件系统。对于大批量档案的数字化，仅依靠个别扫描设备和计算机的分散式处理是不够的，必须建立起基于网络环境的流程式数字化加工体系。

（三）数字化输入设备的选择

投入使用的档案数字化加工系统大多采用扫描仪作为数字信息采集设备。

1. 扫描仪的种类

扫描仪通常分为高速扫描仪和平板扫描仪。高速扫描仪一般处理速度可达每分钟 20～120 页，还有单面扫、双面扫不同类型可供选择，其特点是扫描速度快，主要缺点是档案纸张状况较差时易损坏原件，故珍贵档案不适合选用该设备进行加工处理。平板扫描仪处理速度较慢。

2. 扫描仪的性能指标

（1）扫描速度

扫描速度是表示扫描快慢的指标。高速扫描有利于提高工作效率，缩短档案信息数字化的时间。

（2）扫描分辨率

扫描分辨率是决定图像质量的关键因素。选择扫描仪绝不是分辨率越高越好，因为扫描精度提高 1 倍后，其扫描速度会大大地降低，且生成的图像文件大小将呈 4 倍扩大。如果扫描分辨率超过一定数值，再清晰的图像也不可能打印得出来。

（3）色彩分辨率

色彩分辨率是表示扫描仪分辨率彩色或灰度细腻程度的指标。

（4）动态密度范围

动态密度范围用来表示扫描仪所能探测到的最淡颜色和最深颜色间的差值。范围越宽，表示扫描仪可捕获到的可视细节就越多。该指标对高性能专业扫描仪十分重要。

（5）灰度级

灰度级用来表示灰度图像的亮度层次范围。级数多，说明扫描仪图像的亮度范围大，层次丰富。

（6）扫描仪的接口方式

扫描仪的接口方式主要分 USB 和 SCSI 两种。USB 接口速度较快，安装方便，可以带电拔插。SCSI 扫描仪安装时需要在计算机中安装一块接口卡，安装较复杂，价格较高，但速度快，扫描稳定，扫描时占用系统资源少。

二、纸质文书档案数字化的步骤

（一）档案整理阶段

1. 档案出库

一般来说，大批量纸质档案数字化，首先须将待数字化档案从档案库房搬移至临时周转库房；然后，数字化加工人员从周转库房领取档案进行数字化。无论前者还是后者，数字化加工人员都须按照预定计划，提出申请，经过审批，交接双方清点档案，实行登记，完成档案的交接手续。

2. 拆装

档案在拆除装订前可逐卷加贴条形码，以便在随后流程中通过识别条形码对扫描档案进行准确、高效地控制。该条形码还可为以后档案借阅利用管理提供便利。然后，工作人员逐卷、逐页检查档案。对内容缺失、目录漏写、页码颠倒，以及珍贵、破损的案卷进行登记，并提请档案保管机构妥善处理。

对于不去除装订物会影响扫描工作的档案，应拆除装订物。拆除装订物时，应注意保护档案不受损害。拆除装订物之后要将档案原件排好顺序，并用夹子夹起防止散乱。对于年代久远、纸质条件较差、不便于拆卷的，可采用零边距扫描仪扫描。

3. 页面修整

纸张的质量关系到扫描仪的选择和扫描效果，因此，须对严重破损、褶皱不平、字迹模糊的档案做好登记，分别处理。如对有褶皱的档案，可进行熨烫；对被污染的纸张，可在通风环境中用软毛刷轻轻地刷去浮尘、泥垢或霉菌；对破损残缺的文件，须进行修补。

4. 档案及目录的检查、整理

检查整理时主要注意以下几个方面：

（1）检查档案的顺序

基本原则是档案页号按顺序连续排列。需要在档案原件上重新标注页号时，必须使用标准档案页码章，加盖在档案的右上角，位置须统一，并不得用手写页码。

（2）检查档案目录所有的项目

包括题名、文件编号、责任者、日期、顺序号、页号、备注，保证其准确、完整，并与档案原件内容一一对应。要求一份档案对应一条目录，并仔细检查每份档案是否完整。如有档案漏编目录，应补编目录。正式档案若为复印件，则需在该档案首页的右下角加盖“复印件”章，字号要求 5 号字。

①题名。题名要写全，与档案完全相符，不能随意删减、省略，要做到一字不落。凡题名中只写了“通知”“委托书”“支持信”“承诺书”“确认函”“抵押书”“公证书”“协议书”“申请书”“工作动态”“简报”等字样的，必须重新拟写一条简洁的题名反映档案的内容，外加“[]”

号。凡档案内容涉及有关人物的姓名时，必须在题名项中照实著录。

②文件编号。要写全，照实著录。

③责任者。同一责任者必须用统一名称。

④日期。需写全年、月、日，格式为××××.××.××。档案中存在多个日期的情况时，应按照该档案的主要责任者所对应日期著录。

⑤顺序号。按照档案的合理排列，要求一份档案对应一条目录，一条目录对应一个顺序号。

⑥页号。填写首页页号即可，但每卷最后一份档案的起止页号都要填写。应在页码后加“—”标示本卷结束，如“99—100”。如果最后一份档案只有一页，也必须用“—”表示结束，如“99—99”。

⑦备注。应标注档案密级，无密级的可不写。

（3）检查案卷封面上的项目

检查案卷封面上的项目包括全宗名称、类别名称、案卷题名、案卷所属年度、保管期限、卷内文件件数、页数、全宗号、目录号、案卷号等是否与案卷实际内容一致。

（4）花名册、介绍信及其他类型档案的整理

花名册整理方法包括：第一，题名按名册全称著录。第二，责任者一律为名册上印章所对应的批准单位，无批准单位印章的以填报单位所写字样为准录入。第三，花名册及其他名册均不需著录人名。第四，日期写填报日期或批准日期，若有多个日期则录入一个即可。

介绍信、报到证、工资转移证、农转非存根整理方法包括：第一，以上类别档案中的人名必须如实录入，要求准确无误，少量看不清楚的字迹要核实后再进行修改。第二，责任者和日期应为档案中本章所对应的单位和日期。

此外，任免、出访、优秀人员批件（教师、党员、干部……）等档案中涉及有关人物的姓名必须在题名项中照实著录。

（二）目录数据修改阶段

1. 电子目录数据修改

对照查改后的档案目录修改电子目录，要注意经常保存，以免数据丢失。进行电子目录数据修改时，主要应注意以下著录项的修改。

（1）档案题名

题名要写全，照实著录。

（2）责任者

录入多个不同责任者时，必须用“/”分隔开，如张三/李四/王五。

（3）文件编号

录入多个不同文件编号时，编号之间必须用“/”分隔开，如××/××/××。

（4）文件时间

需写全年、月、日，格式为××××．××．××，中间必须用“.”隔开。档案中存在多个日期的情况时，按照该档案的主要责任者所对应日期著录。如果档案时间没有月和日，只有年份，则分别用“00”代替月和日；如果档案时间没有日，只有年和月，则用“00”代替日。

（5）人名

凡档案内容涉及有关人物的姓名，必须如实录入，要求准确无误。多个人名之间必须用“/”分隔开，如张三/李四/王五。花名册档案无须录入人名。

（6）页号

填写首页页号即可，但每卷最后一份档案的起止页号都要填写。应在页码后加“—”标示本卷结束，如“99—100”；如果最后一份档案只有一页也须用“—”表示结束，如“99—99”。

（7）密级

按档案标注的密级著录，无密级的标注“无密”。

（8）页数

录入该份档案的页数。

(9) 全宗号

输入时必须采用 3 位数，不足 3 位数的在前面补 0，如“15”应为“015”。

(10) 保管期限

按档案目录本上标注的保管期限著录。

(11) 目录号/年度

归档改革前的档案，按档案目录本上的目录号著录，分别用“A1·×、A2·×、A3·×”表示，“×”为目录的流水顺序。归档改革后的档案，按文件归档的年份著录。

(12) 案卷号/机构

归档改革前的档案著录案卷号，案卷号必须采用 4 位数，不足 4 位数的在前面补“0”，如“15”应为“0015”；归档改革后的档案，该处均录入“0”。

(13) 顺序号/件号

归档改革前的档案著录顺序号，必须采用 3 位数，不足 3 位数须在前面补“0”，如“15”应为“015”；归档改革后的档案著录件号，必须采用 4 位数，不足 4 位数须在前面补“0”，如“15”应为“0015”。

2. 电子目录数据检查

对照修改后的电子目录进行检查，保证档案的电子目录、卷内文件、案卷内的目录、档案目录四者一致。

(三) 档案扫描挂接阶段

1. 档案扫描

(1) 扫描设备选择

必须采用专业文件扫描仪，扫描以黑白为主，对于原件不清和字迹较淡的档案，扫描时必须用灰度或真彩模式扫描。

(2) 扫描色彩模式选择

扫描色彩模式一般有以下两种：

一是扫描形成黑白二值图像。这种图像只有黑白两级，没有过渡灰度。其特点是黑白分明、字迹清晰、文件容量较小。适用于扫描字迹、线条质量清晰的文字或图纸档案。

二是扫描形成连续色调静态图像。这种图像分灰度图像和彩色图像两种。灰度图像由最暗黑色到最亮白色的不同灰度组成。灰度级表示图像从亮部到暗部间的层次，也称色阶。灰度级越高，层次越丰富，文件所占容量也就越大。灰度模式适用于扫描黑白照片、图像档案，色阶的选择要适度，只要不影响图像质量即可。彩色模式中的色彩数表示颜色的范围，色彩数越多图像越鲜艳真实，文件所占容量也就越大。同样，色彩数选择也要适度，不是越多越好。彩色模式适合扫描页面中有红头、红印章的档案或彩色照片档案。需永久或长期保存，或向国家档案馆移交的档案，一般应采用彩色模式扫描。

2. 图像处理

扫描完成后，必须按照要求将所得图像进行技术处理，纠正档案扫描件和原件的偏差，使扫描后的档案图文更加清晰、规范。图像处理大致包括以下几个内容：

（1）图像数据质量检查

对图像偏斜度、清晰度、失真度等进行检查。发现不符合质量要求时，应重新对图像进行处理。由于操作不当，造成扫描的图像文件不完整或无法清晰识别时，应重新扫描；发现文件漏扫时，应及时补扫并正确插入图像；发现扫描图像的排列顺序与档案原件不一致时，应及时调整。认真填写相关表单、记录质检结果和处理意见。

（2）纠偏

对出现偏斜的图像应进行纠偏处理，以达到视觉上基本不感觉偏斜为准。对方向不正确的图像应进行旋转还原，以符合阅读习惯。

（3）去污

对图像页面中出现影响图像质量的杂质，如黑点、黑线、黑框、黑边等应进行去污处理。处理过程中应注意不要破坏档案的原始信息。

（4）图像拼接

对大幅面档案进行分区扫描形成的多幅图像，应进行拼接处理，合并为一个完整的图像，以保证档案数字化图像的整体性。

（5）裁边

采用彩色模式扫描的图像应进行裁边处理，去除多余的白边，以有效地缩小图像文件的容量，节省存储的空间。

以上纠偏、去污、裁边等处理，可以根据肉眼判断，人工操作完成。也可以用专门设计的软件，预先进行某些设定，然后由计算机自动处理。计算机处理虽然效率高，但是没有人工处理得灵活。例如，一旦将污点的大小尺寸设计得过小，计算机会将某些标点符号当作污点而自动去除。因此，扫描图像处理还需采用人工和自动处理相结合的方式。

3. 图像存储

（1）存储格式

采用黑白二值模式扫描的图像文件，一般采用 TIFF（G4）格式存储；采用灰度模式和彩色模式扫描的图像文件，一般采用 JPEG 格式存储。存储时压缩率的选择，应在保证扫描的图像清晰可读的前提下，以尽量减小存储容量为准则。提供网络查询的扫描图像，也可存储为 CEB、PDF 或其他版式文件格式。

（2）图像文件的命名

应采用档号或唯一标识符为数字档案资源命名。采用档号为数字档案资源命名的，若以卷为单位整理，按《档号编制规则》编制档号，推荐增设档案门类代码作为类别号的子项；若以件为单位整理，档号可采用“全宗号—档案门类代码·年度—保管期限—机构（问题）代码—件号·子件号”结构。

4. 目录建库

（1）数据格式选择

目录建库应选择通用的数据格式，所选定的数据格式应能直接或间接通过 XML 文档进行数据交换。该数据库的建立可以通过专用的档案管理系统或扫描加工管理软件录入，也可以先在专门设计的档案目录表格中录入，然后将数据导入至档案管理系统。

（2）档案目录数据库

按照《档案著录规则》的要求进行著录，建立档案目录数据库，并录入档案目录数据。

（3）目录数据质量检查

为了确保数据的准确性，可采用“单机录入—人工校对”或“双机录—计算机自动校对”的方法。不管是人工校对还是计算机校对，都要核对著录项目是否完整，著录内容是否规范、准确，发现不合格的数据应进行修改或重录。

5. 数据挂接

档案数字化转换过程中形成的目录数据库与图像文件，通过质检环节确认合格后，通过网络及时加载到数据服务器端汇总。目录数据库与图像文件应避免采用既慢又容易出错的人工挂接，尽量采用计算机批量自动挂接。只要扫描制作的数字化文件是按纸质档案的档号命名，就可以通过编制挂接程序或借助相应软件，实现目录数据对相关联的数字图像的自动搜索、加入对应的电子地址信息等，实现批量、快速地挂接。

6. 数据验收

以抽检的方式检查已完成数字化转换的所有数据，包括目录数据库、图像文件及数据挂接的总体质量。目录数据库与图像文件挂接错误，或目录数据库、图像文件之一出现不完整、不清晰、有错误等质量问题时，抽检标记为“不合格”。一个全宗的档案，数字化转换质量抽检的合格率达到95％以上（含95％）时，予以验收“通过”。

合格率＝抽检合格的文件数/抽检文件总数×100％

认真填写纸质档案数字化验收登记表单。验收“通过”的结论，必须经审核、签署后方可生效。

7. 数字化成果管理

应加强对纸质档案数字化成果的管理，确保其安全、完整和长期可用。纸质档案数字化成果提供网上检索利用时，应有制作单位的电子标识，并根据具体情况分别采用可下载或不可下载的数据格式。

(四) 档案装订、归还阶段

按检查整理阶段确定的顺序将扫描完的档案装订好。装订时必须保持档案的原貌，不得更换卷皮，不得缺漏页，且按照档案原有的线孔装订。装订好后要将档案检查一遍，看案卷装订是否结实，有没有脱页，顺序对不对，档案及目录齐不齐。检查完毕后，归还档案保管处，办理归还手续。

参考文献

[1]红霞.现代医院档案管理建设与标准化[M].延吉:延边大学出版社,2019.

[2]许艳.现代信息化图书馆建设与档案管理[M].杨凌:西北农林科技大学出版社,2019.

[3]金虹.干部人事档案管理实务[M].杭州:浙江工商大学出版社,2019.

[4]陈超.档案工作的美学研究[M].延吉:延边大学出版社,2019.

[5]张蓉.现代管理科学方法在档案工作中的应用实践[M].南昌:江西科学技术出版社,2019.

[6]罗琼.高校档案规范化管理探析[M].延吉:延边大学出版社,2019.

[7]翟菲.戏剧数字档案管理与建设[M].长春:吉林出版集团股份有限公司,2020.

[8]李雪婷.人事档案信息化建设与创新管理研究[M].长春:吉林文史出版社,2020.

[9]张杰.信息时代下档案管理工作创新研究[M].长春:吉林大学出版社,2020.

[10]汤昌元,曹俊启,付正刚.均衡思维下的工程档案管理研究与实践[M].武汉:长江出版社,2020.

[11]曾予新,郝伟斌.城市建设与工程项目档案管理[M].北京:中国铁道出版社,2018.

[12]牟锋.现代医院档案建设与管理[M].北京:科学技术文献出版社,2018.

[13]薛光,赵玉兰,刘静.城市建设与档案管理[M].海口:南方出版社,2018.

[14]徐春兰,韩光春,赵磊.档案管理与信息化建设[M].延吉:延边大学出版社,2018.

[15]闭线林.地方院校民生档案信息资源建设与管理研究[M].延吉:延边大学出版社,2018.
[16]赵旭.档案管理现状的研究与分析[M].天津:天津科学技术出版社,2018.
[17]高海涛,李艳,宋夏南.档案管理与资源开发利用[M].北京:北京日报出版社,2018.
[18]莫求,杨佐志.档案管理工作的实践、探索与研究[M].长春:东北师范大学出版社,2017.
[19]刘亚静.档案管理信息化与自动化探索[M].天津:天津科学技术出版社,2018.
[20]赵娜,韩建春,宗黎黎.信息化时代的档案管理精要[M].天津:天津科学技术出版社,2018.
[21]喻颖.互联网时代会计档案的信息化管理研究[M].长春:东北师范大学出版社,2017.
[22]朱春巧.信息化时代下高校档案管理创新研究[M].长春:东北师范大学出版社,2018.
[23]王辉,关曼苓,杨哲.大数据环境下档案信息化管理[M].延吉:延边大学出版社,2018.
[24]黄宝春.高等学校档案管理论[M].上海:上海交通大学出版社,2018.
[25]刘雪,杨晓玲.大学生电子健康档案与智慧医疗[M].北京:冶金工业出版社,2018.
[26]范杰,魏相君,敖青泉.信息化视角下高校教学档案的建设与管理[M].长春:东北师范大学出版社,2019.
[27]杨阳.高校档案管理信息化建设[M].长春:吉林文史出版社,2019.
[28]许秀.高校档案管理与信息化建设研究[M].哈尔滨:哈尔滨工业大学出版社,2019.
[29]李晖.国防特色高校档案管理与信息化建设[M].哈尔滨:哈尔滨工程大学出版社,2019.
[30]梅岚.医院档案管理建设与应用[M].北京:科学技术文献出版社,2019.